U0059150

秀威
文哲叢書
韓晗主編

郭沫若評傳

周靖波　著

秀威資訊・台北

「秀威文哲叢書」總序

　　自秦漢以來，與世界接觸最緊密、聯繫最頻繁的中國學術非當下莫屬，這是全球化與現代性語境下的必然選擇，也是學術史界的共識。一批優秀的中國學人不斷在世界學界發出自己的聲音，促進了世界學術的發展與變革。就這些從理論話語、實證研究與歷史典籍出發的學術成果而言，一方面反映了當代中國學人對於先前中國學術思想與方法的繼承與發展，既是對「五四」以來學術傳統的精神賡續，也是對傳統中國學術的批判吸收；另一方面則反映了當代中國學人借鑒、參與世界學術建設的努力。因此，我們既要正視海外學術給當代中國學界的壓力，也必須認可其為當代中國學人所賦予的靈感。

　　這裡所說的「當代中國學人」，既包括居住於中國大陸的學者，也包括臺灣、香港的學人，更包括客居海外的華裔學者。他們的共同性在於：從未放棄對中國問題的關注，並致力於提升華人（或漢語）學術研究的層次。他們既有開闊的西學視野，亦有扎實的國學基礎。這種承前啟後的時代共性，為當代中國學術的發展提

供了堅實的動力。

　　「秀威文哲叢書」反映了一批最優秀的當代中國學人在文化、哲學層面的重要思考與艱辛探索，反映了大變革時期當代中國學人的歷史責任感與文化選擇。其中既有前輩學者的皓首之作，也有學界新人的新銳之筆。

　　作為主編，我熱情地向世界各地關心中國學術尤其是中國人文與社會科學發展的人士推薦這些著述。儘管這套書的出版只是一個初步的嘗試，但我相信，它必然會成為展示當代中國學術的一個不可或缺的窗口。

韓晗

2013年秋於中國科學院

目　次

第一章 「海棠香國」育詩人

　　滾滾的大渡河水，從川、青交界的果洛山奔流直下，當它來到
峨眉山東麓，又與岷江、青衣江攜起手來，繼續向東南方向歡跳而
去。這三江匯流的地方有座城市樂山。樂山是四川最早開發的地區
之一，在漢代稱作南安，後來又改稱平羌、嘉州，地方誌上譽之為
「海棠香國」。不過，那有香味的海棠早已絕種，倒是樂山城東南
大渡河邊依山勢雕刻的高達六七十米的唐代大佛吸引著四面八方的
來客；除此之外，為樂山贏得世界性聲譽的，就是這海棠香國養育
的浪漫主義詩人、本書的主人公——郭沫若。

　　郭沫若於一八九二年十一月十六日（農曆九月二十七日）生於
樂山縣觀峨鄉沙灣場。沙灣地處樂山縣的西南部，離城約七十五華
里的路程。雖然地處偏僻，卻可稱得上鍾靈毓秀，出過十來個秀才
和舉人。它背靠峨眉山的第二峰——綏山，面臨波浪翻滾的大渡
河，一股清澈的溪水（名曰茶溪）沿著峨眉山的餘脈蜿蜒而下，在
鎮子上被人截住，匯成一個清可見底的深潭，游魚細石歷歷在目。
鎮子上隨處可見繁茂的榕樹，給人帶來縷縷清涼。這裡，抬頭可見

峨眉山巔白雲飛渡，放眼可見大渡河水流湍急，人的思緒也就容易在大自然的感染下飛騰起來。難怪有人說，郭沫若的浪漫主義氣質，他血脈中流淌的動的精神，乃是受胎於故鄉的山水。當他第一次登上五四詩壇，不就是採用了故鄉的兩條大河（大渡河又稱「沫水」，青衣江又稱「若水」）作自己的筆名嗎？

據說母親懷上郭沫若時，曾夢見一隻小豹子咬她左手的虎口，所以郭沫若乳名文豹，學名開貞，號尚武。在開貞之前，父母已經生養了兩兒兩女（另有一兒兩女夭折），開貞是他們的第八個孩子，所以母親又親暱地呼他「八兒」。

郭家的祖先是福建汀洲人，清初移民到四川。經過幾代人的慘澹經營，曾祖父時開始發家，但在仗義疏財的祖父手上，家道又幾乎衰落，最後靠著精明能幹、敢於冒險的父親郭朝沛，才重新振興起來。除了廣有田產外，郭家還經營釀酒、榨油、兌換銀錢等副業，甚至販賣煙土和私鹽的營生也沒少幹。雖說從經濟實力上看，還只是個中等地主，但在偏僻的沙灣，也算得上是富甲一方的人家了。在這樣的家庭長大，郭沫若從小過著不思飽暖的優裕生活，「農夫耕耘時常唱秧歌，我覺得好聽。撐船的人和拉纖的人發出欸乃的聲音，我佩服他們有氣力，冬天不怕冷，牧牛童子橫騎在水牛背上吹蘆笛，我覺得他們好玩而水牛可怕。鄉鎮上逢集的時候熱鬧

一番，閒天又冷下去。人們除坐茶館，聊閒天外，沒有人生。[1]」

　　溫柔的母愛，對幼年郭沫若的早期智力開發起了良好的作用。母親杜邀貞，出身州官門第，父母因畏於民眾造反，雙雙殉節，自此家境零落，十五歲時下嫁到了郭家。杜邀貞姿質聰穎，擅長女紅，雖然沒有進過學，也識得一些字，也能零星背誦一些詩詞，像「落花相與恨，到地亦無聲！淡淡長江水，悠悠遠客情。」雖然其中間有錯訛，但那悠長的音調，流暢的語句，確是詩人幼年時代接受的詩教第一課。郭沫若後來對友人說：「高爾基說他文學的天分是從他母親得來的，假使我也可以算得個詩人，那這個遺傳分子確也是從我母親來的了。[2]」等到郭沫若能流利背誦「翩翩少年郎，騎馬上學堂。先生嫌我小，肚內有文章」的詩句時，他的內心已經萌動了上學的欲望。一八九七年春，郭沫若實足年齡四歲半，父親將他帶到家塾「綏山山館」拜師發蒙。

　　但是，「人之初，性本善，性相近，習相遠」之類「曖昧的哲學問題」[3]，絕不如念詩和聽善書（一種民間說唱）那麼有趣。不到三天，郭沫若就開始翹課，卻又被執拗的父親抱回課堂，就像被穿上鼻子的牛一樣，開始了封建社會每一個受教育者都無法逃避的聖賢加刑罰的生涯。按照家塾規矩，白天讀經，晚上誦詩，每隔三

1　《序我的詩》，《郭沫若全集》（文學編）第19卷，第407頁。
2　《三葉集》，《郭沫若全集》（文學編）第15卷，第101頁。
3　《我的童年》，《郭沫若全集》（文學編）第11卷，第37頁。

天還要上一次詩教課。經固然就是詩書禮易，詩也不外乎浸透著儒
家思想的《千家詩》和《唐詩三百首》，不能全懂，詩教更是叫人
如墮雲里霧中。先學做對句，將字數相同、文意相對的句子連在一
起，「起初是兩個字，逐漸做到五個字、七個字以上」。後來又學
做試帖詩，摘取古人成句為詩題，講究虛實、平仄、音律、對仗，
格式限制極為嚴格。「連說話都怕還不能說條暢的小孩子，那裡會
能瞭解什麼虛實平仄，更那裡能夠瞭解什麼音律對仗呢？但是做不
出來也還是要叫你做」，簡直「就和巫師畫的神符一樣」[4]。

　　正在郭沫若對傳統教育制度對人的戕害漸生不滿時，新世紀開
始的第二年，清政府決定變通科舉考試內容，廢八股而改策論，把
全國讀書人的精力從模仿古人的思想和口吻轉到關注眼下帝國主義
侵略加深、東方古國積貧積弱的現實上來。一九〇五年，清政府又
下令停科舉以廣學校，這便將整整一代人從試帖詩和八股文的刑具
下解脫了。對五四運動的先驅者們來說，早起的教育，雖然留下了
一些不愉快的記憶，但也因此而受到了傳統文化的薰陶，掌握了登
入中國文化堂奧的工具，為日後揚棄封建文化、建設現代學術文化
打下了基礎。請看郭沫若十二歲時寫的五律〈郊居即景〉，這是迄
今發現的郭沫若最早的詩作：

---

[4]　《我的童年》，《郭沫若全集》（文學編）第11卷，第40頁。

閒居無所事，散步宅前田。

屋角炊煙起，山腰濃霧眠。

牧童橫竹笛，村嫗賣花鈿。

野鳥香呼急，雙雙浴水邊。

山村田野的素樸風光和詩人的天然意趣洋溢其中。又如〈蘇溪弄伐口占〉：

臨溪方小筏，遊戲學提孩。

剪浪極泗沂，披襟恣蕩推。

風生荇菜末，水激鵁鶄媒。

此地存蘇跡，可曾載酒來。

　　詩人在蘇溪河弄筏嬉遊，目睹美麗的自然景色，追思蘇軾當年的情懷。十多年後震驚五四詩壇的豪邁奔放的才情已經顯露端倪。

　　在時代大潮的衝擊下，綏山山館也出現了一些新氣象，格致、地理、地質、東西洋史等新課程進入家塾，《地球韻言》、《算術備旨》等宣傳近代科學知識的書也和《詩》、《書》、《禮》、《易》一道擺上了學生的書桌。牆壁上，還掛著一幅用四張大紙合成的《東亞輿地全圖》，過去抽象的「世界」概念被形象化地展示在眼前。教學方法也有了一些變革。塾師沈煥章在講解《左傳》

時，採用對比的方法，一面教《左氏春秋》，一面參照南宋思想家
呂祖謙的《東萊博議》。呂著針對《左傳》的歷史敘述闡發自己的
獨特見解，使隱含在「春秋筆法」中的傾向性得以昭顯，議論時每
每從人情中推出至理，文筆犀利老道，令人嘆服。沈煥章的做法受
到了學生的歡迎。郭沫若後來回憶道：「我的好議論的脾氣，好做
翻案文章的脾氣，或者就是從這兒養成的罷？[5]」大哥郭橙塢在成
都新設的東洋學堂學習日語，準備日後赴東洋留學，他也不時向家
裡郵寄《啟蒙畫報》、《新小說》、《浙江潮》等新書刊，使郭沫
若接觸到了「富國強兵」、「實業救國」的思想。

　　一九○五年春天，大哥東渡留學，他不僅給郭沫若留下了做一
個「純粹的科學家」的希望，也留下了書櫥裡過去祕不示人的幾部
奇書：《西廂記》、《西湖佳話》和《花月痕》。對於一個十三、
四歲，身體開始發育的少年來說，它們比朦朧而抽象的「科學、救
國」更富誘惑力。過去，塾師講經，硬是把歌頌男女愛情的民歌解
作聖經賢傳、后妃之德，讓人摸不著邊際。現在，幾部直接表現男
女愛情的淫書就在眼前，給身體正處於發育階段的郭沫若帶來了神
祕的誘惑。《西廂記》的曲詞雖然不太懂，但科白是懂的，書中有
木版畫的人物繡像，加上平日看的《西廂》戲的印象，書裡的人物

---

[5]　《我的童年》，《郭沫若全集》（文學編）第11卷，第46頁。

都活了，「很蔥蘢的暗示，真真是夠受挑發了[6]」。《花月痕》雖然描寫更加隱晦，但書中將嫖客與妓女當作才子佳人來歌頌，又以纏綿哀怨的筆調出之，令人如癡如醉。《西湖佳話》也充滿著淒涼的筆墨，蘇小小的幻影、馮小青的自戀、斷橋的情跡，都足以誘發人的幻想。得到這些書後，郭沫若不敢在人前閱讀，只能假裝頭疼，大白天躲在床上放下蚊帳偷看。不巧被大嫂發覺，告訴了母親，結果自然是挨了責備。

身體內的潮水要噴湧，社會的潮水也要向前奔流。郭沫若在內與外的雙重覺醒中迎來了一九〇六年。這一年春天，廢止科舉制之後創辦的樂山縣高等小學堂正式開學，郭沫若成為這所學校的第一批學生，他第一次離開沙灣，住進了學校的寄宿舍。

處於新舊過渡時期，這所學校也有許多不可思議的事情。首先是學生年齡相差懸殊，從十三、四歲的少年到三十多歲的中年，同在一個班讀書；其次是老師教授的所謂新學全是生吞活剝，連自己都不甚了了，倒是艱澀的經學課程最受學生歡迎；再次就是學校管理無章法可依，誰鬧的厲害就聽誰的。第一學期結束放榜時，郭沫若以全年級第一名的成績名列榜首，這竟惹惱了那幫沒考上秀才的老童生，他們公然污蔑說是因為郭沫若面孔豐滿而白皙，討老師的喜歡，所以得了高分。他們大鬧學監辦公室，逼著校方藉口郭沫若

---

[6]　《我的童年》，《郭沫若全集》（文學編）第11卷，第56頁。

端午節曾請假回家一周，扣了六分，從第一降為第三，才算干休。這件事使郭沫若第一次看到了人性的污濁面。回家一周，原是得到校方許可的，現在校方為了平息撕榜風潮，竟然向邪惡屈服。為了洗刷恥辱，他開始有意和學監作對，成了最愛鬧事的學生領袖。他說，「我縱橫是破了臉的，管他媽的！[7]」郭沫若的反叛性格開始向消極面發展，酗酒、抽菸，終於遭到校方的斥退處分。多虧另一所鄉下學校文昌宮小學的先生為郭沫若主持公道，才使校方收回了成命。一九〇七年六月，郭沫若小學畢業，他對小學生活的總結是：「雖然只有三學期，但就好像受了三十年的監禁。[8]」

接下來升入嘉定府中學堂，此處的情形和小學差不多，地理教員公然講起五行八卦，國文教員弄不清韓退之文章的含義，教英文的竟然把School讀作「時西火兒」，博物教員連章魚的嘴巴和肛門都分不清，郭沫若對新環境的希望又破滅了。小學時的毛病不僅沒改，反而愈加嚴重，他把許多時間都放在打牌、喝酒和遊蕩上，第一學期修身課的成績僅得了二十五分。舊的教育體制被否定了，但新的教育體制卻不健全，甚至以變形的方式沿襲著舊的弊端，這種情形擺在一個感受到時代覺悟、求知欲旺盛而又找不到正確發展途徑的少年面前，頹廢就成了張揚自我的特殊形式。郭沫若焦躁、懷

---

[7]　《我的童年》，《郭沫若全集》（文學編）第11卷，第100頁。
[8]　《我的童年》，《郭沫若全集》（文學編）第11卷，第102頁。

疑，「應該學什麼，究竟有什麼好學，在當時不用說毫無明確的意識。[9]」

正在這時，章太炎《國粹學報》、梁啟超《義大利建國三傑》、《經國美談》等進入了郭沫若的視野，「那亡命的志士，建國的英雄，真是令人心醉。[10]」流行的林譯小說更是為他所青睞，成為他擺脫苦悶的主要對象。林紓（琴南）採用通俗的文言小說和筆記的文體翻譯英、美、俄、法、日等國小說，將一批全新的人物形象和全新的情感引入中國文壇，譯筆簡潔古雅，符合當時讀書界的欣賞習慣，卻能保有原文的情調，具有相當的文學價值。從某種意義上可以說，中國人認識外國小說，是從林紓開始的。

郭沫若最初讀的是哈葛德的《迦茵小傳》。這是一部愛情小說，它迥異於有情人終成眷屬的中國模式，充滿悲劇情調。迦茵出身微茫，父母雙亡，寄養在姨母家。一日與海軍軍官亨利邂逅，一見鍾情。亨利出身貴族，家裡卻欠下富紳來文傑巨額債務；偏巧來文傑之女愛瑪屬意於亨利，亨利的母親便找到迦茵，求她成全亨利與愛瑪，以免除自家債務。這時迦茵已經懷上了亨利的孩子，在絕望中嫁給了對自己垂涎已久的土豪洛克。亨利以為迦茵變心，一怒之下與愛瑪結婚。洛克發現迦茵的心始終在亨利身上，怒不可遏，要殺死亨利。迦茵知道後，連忙趕到，在夜幕中代亨利飲彈，最後

---

[9]　《反正前後》，《郭沫若全集》（文學編）第11卷，第168頁。
[10]　《我的童年》，《郭沫若全集》（文學編）第11卷，第121頁。

身負重傷，含笑死在亨利的懷中。臨死之前，她把一切都告訴了亨利，亨利悔恨交集，痛不欲生。

第一次接觸到的外國小說，就有如此強烈的悲劇感染力，郭沫若不由得潸然淚下，恨不能充當書中的主人公，去接受迦茵的愛。「當我讀到亨利上古塔去替她取鴨雛，從古塔的頂上墜下，她張著兩手去接受他的時候，就好像我自己是從凌雲山上的古塔頂墜下來了的一樣。我想假使有那樣愛我的美好的迦茵姑娘，我就從凌雲山的塔頂墜下，我就為她而死，也很甘心。[11]」

林紓將蘭姆姐弟編寫的《莎士比亞戲劇故事集》改名為《吟邊燕語》，共收入《羅密歐與茱麗葉》、《馬克白》、《哈姆萊特》、《李爾王》、《暴風雨》等二十個戲劇故事。其中的瑰麗想像和曲折情節使人感受著無上的興趣；而在家族的阻隔下有情人難成眷屬的故事，更使人感動。郭沫若也對之入迷了。林譯小說中對郭沫若影響最深的當是英國十九世紀歷史小說家司各德的《撒克遜劫後英雄略》（通譯《艾凡赫》）。這部文學史家認為是反映英國十二世紀複雜的階級矛盾和民族矛盾的小說，其核心情節乃是貴族少年挨梵訶與貴族小姐魯溫娜、猶太姑娘呂貝珈之間的浪漫故事。其中既有英雄救美人的壯舉，又有人間之美與天仙之美不能兩全的遺憾。林紓的譯筆，工於抒情，婉媚動人，一掃舊時小說的陳詞濫

---

[11] 《我的童年》，《郭沫若全集》（文學編）第11卷，第122頁。

調。這對於看慣了閉月羞花、沉魚落雁等公式化描寫的讀者來說，不啻於閱讀心理上的一次冒險。請看對魯溫娜的肖像描寫：

> 天下美人佳者殊欠天趣，而魯溫娜則丰采奕奕，然蛾眉之下位置星眼，星中似有光氣，能融世間鐵石之人；又似在眼中能傳號令，左右使人，而柔媚之態，復能不求人而人自從命，一舉一動中，威足命令當世，因是養成次等無上之儀容。

又如書中另一女主角呂貝珈：

> 身段既佳，又衣東方之衣飾，髻上束以鵝黃之帕，愈襯其面容之柔嫩；雙瞳剪水，修眉入鬢；準直頤豐，舉重適稱；齒如編貝，柔髮作圓瓣，披之肩際；鎬頸酥胸，燦然如玉；衣波斯之錦，花朵如生，合眾美為一。

讀到這些，郭沫若恐怕已經把他未來理想愛人的形象描定了吧？郭沫若在自傳中強調自己受司各德影響很深，但他唯讀過《艾凡赫》，「對於它並沒有什麼深刻的研究[12]」。因此可以想見，這裡

---

[12] 《我的童年》，《郭沫若全集》（文學編）第11卷，第123頁。

所謂「影響」，應該當作人格形成過程中的外來因素加以考察。

書中的世界令人滿蓄惆悵，書外的世界仍舊污濁不堪。一九〇九年中秋節後的一天，嘉定府中學堂的學生與營防軍在看戲時發生衝突，有些同學被打傷。郭沫若遂充當學生代表向校方請願，要求營防軍賠罪並支付重傷學生醫藥費。但校方不僅不支持，反而向肇事者登門賠罪，於是，校外的風潮轉成了校內的風潮，學生罷課了。專橫的校監竟然以開除學生的手段來平息學潮，掛牌斥退了八個人，記大過幾十名──郭沫若就在被斥退之列。但他從反面一想，被這種腐敗的學校開除也不是什麼壞事，正好可以有機會到成都去念書；要是四川不讓待了更好，還可以出省呢！一九一〇年二月，郭沫若插入成都高等學堂分設中學三年級。

來到成都後，又是一輪新的失望。這裡依舊是一些做官的教職員，依舊是一些騙文憑的學生。講經的只靠一本《左傳事緯》照本宣科，國文是一部翻爛了的《唐宋八大家文》，歷史就等於一張歷代帝王的世系表和改元的年號表。這時，全國包括四川的革命氣氛都很濃郁，但郭沫若卻沒有在自己的師友中找到革命者，他只得借助大麯酒來消耗自己旺盛的精力。一九一一年六月，四川保路同志會在成都成立，革命的高潮終於來到了。年底，四川宣佈脫離清朝統治，郭沫若和一些同學等不到獨立的宣佈，在頭天晚上便把那條代表被奴役的辮子剪掉了。在革命的高潮中，郭沫若相信，只要剪去辮子，「中國就可以一躍而為世界上天字第一號的頭等強國

了[13]」。他寫詩歌頌獲得新生的祖國，祈願富國強兵：

> 絕代豪華富貴身，豔色嬌姿自可人。
> 花國於今非帝制，花王名號應圖新。

這一年寒假，郭沫若回到沙灣，為鄉鄰們書寫了二、三十副春聯。
他最得意的是以下兩副：

> 桃花春水遍天涯，寄語武陵人，於今可改秦衣服。
> 鐵馬金戈回地軸，吟詩錦城客，此後休嗟蜀道難。

> 故國同春色歸來，直欲硯池溟渤筆崑崙，裁天樣大旗橫書
> 漢字。
> 民權如海潮爆發，何難郡縣歐非城美澳，把地球員幅竟入
> 版圖。

但是，清王朝的遜位並不意味著舊時代悲劇的結束，就在民國元年
正月，當郭沫若沉醉在中國就要成為醒獅的幻想中，他自己也成了
一齣社會悲劇的主角之一。

---

[13] 《反正前後》，《郭沫若全集》（文學編）第11卷，第255-256頁。

　　一九一二年，郭沫若年滿二十，早已經到了談婚論嫁的年齡。在頭一年的十月，由母親一手包辦，定下了婚約。女方是蘇溪場張家，算是門當戶對；對方人品好，在讀書，又是天足。媒人是遠房的一位叔母，自然是信得過的。母親還告訴郭沫若，女方的人品和家裡最美的三嫂不相上下。沒想等到花轎進門，與那幾層蓋頭遮蓋著的人拜過了天地，才發現受了媒人的騙。不僅是三寸金蓮，相貌也與想像的相去甚遠，而讀過書之類的說法，當然也是打誑。「真是俗語說得好，『隔著口袋買貓兒，交定要白的，拿回家來才是黑的。』」[14]

　　早在十歲前，家裡就為郭沫若定過娃娃親，但對方沒過幾年就死了。十幾歲的年紀，竟然已經成了寡人，但內心卻感到十分輕鬆。十三歲以後，少年郭沫若常常陶醉在新舊小說的情愛描寫中，幻想到書中去充當一個主人公。「那樣的機會自然是水底月，鏡中天，但在自己的心裡不能否認總還有萬一的希望。[15]」他夢想著自己的愛人應該有魯溫娜的高貴，呂貝迦的聖潔，迦茵的堅貞，米蘭達（莎士比亞《暴風雨》的女主角）的溫柔，或者「如在山谷中遇著一株幽蘭，原野中遇著一株百合[16]」。他曾在一九○九年歲暮一

14　《黑貓》，《郭沫若全集》（文學編）第11卷，第297頁。
15　《黑貓》，《郭沫若全集》（文學編）第11卷，第280頁。
16　《黑貓》，《郭沫若全集》（文學編）第11卷，第283頁。

夜讀畢《紅樓夢》，「專選有關林黛玉處讀之[17]」。寶黛兩人的心心相印，契合著古往今來多少人的愛情理想！

即便在現實中，理想的愛人也曾出現在郭沫若的腦際。那是一九〇九年的春天，五哥結婚了，新嫂子便是過去見過的縣視學王畏岩先生的次女。五嫂只比郭沫若大一兩個月。幾年不見，「照樣是小巧的面龐，雙頰暈紅，雙眉微顰，眼仁漆黑，只是人是長高了。[18]」當初王家來提親，五哥的未婚妻剛死，便拿五哥定了親。假如晚來提親兩星期，郭沫若的娃娃親就病死了，這門親就該說給郭沫若了。因為從年齡看，他們倆最般配。母親似乎也有遺憾，她多次說起，一切都是姻緣。去年郭沫若患腸傷寒，五嫂也患著熱症。四姐後來打趣說，「你兩個幸好不是夫婦。假如你們是夫婦，別人會說你們是害的相思病呢。」因為要避嫌疑，年齡相近的叔嫂間很少交談。但有一次他們偶爾得到了單獨相處的機會。他們談論郭沫若小學畢業時的集體照，談論五嫂的名字的含義；天上淡淡的月光，似乎也印著了叔嫂間似有若無的情愫。令人感傷的是，五嫂嫁過來剛剛一年多，便患產後癆吐血死了。

天不如人願，平時理解關愛兒子的母親最終給了兒子一個大大的失望。在新婚的晚上，心靈受到沉重打擊的郭沫若單獨悶睡在廂房裡。母親三番兩次走進來勸導他，腳小可以放，品貌不如意也不

---

[17]　《五十年簡譜》，《郭沫若全集》（文學編）第14卷，第543頁。
[18]　《我的童年》，《郭沫若全集》（文學編）第11卷，第144頁。

能灰心，只要品行好，資質高，人是可以教的，這一點上應該向諸葛武侯學習。在母親的勸導和酒精的雙重作用下，婚後第二天，郭沫若還到蘇溪場「回門」應酬了一天，這天晚上，是一部蒙緊灰塵的《昭明文選》伴他迎來了黎明。對這場婚姻悲劇，郭沫若覺得自己也有責任，是自己得過且過、隨遇而安的心理導致這場悲劇最終成為事實。他後來說，「我的一生如果有應該要懺悔的事，這要算是最重大的一件。[19]」

婚後第五天，郭沫若便要回成都上學。母親前來相送。她似乎有某種預感，對郭沫若叮囑道：「八兒，你要聽娘的話。娘已經老了，你不要又跑到外洋去罷！」

但是，雛鷹的翅膀已經長成，自然是要飛翔的。四川盆地早已經鼓蕩著四面八方吹來的新時代的風潮。更何況，郭沫若的家庭已經出了兩個留學生——大哥和五哥，他們已經向郭沫若展示了廣闊世界的美好景致。一九一三年夏天，郭沫若考入成都高等學堂理科未幾，又被天津陸軍軍醫學校錄取。十月，二十一歲的郭沫若乘船沖出夔門（又稱瞿塘峽），在漢口換乘火車，奔向北國。沿途滿目瘡痍使年輕人走入新天地的興奮與好奇消失得無影無蹤，嗚嗚的汽笛聲像是「火車馱著滿載的骷髏在鐵軌上痛哭[20]」。最不可思議的

[19] 《黑貓》，《郭沫若全集》（文學編）第11卷，第290-291頁。
[20] 《走出夔門》，《郭沫若全集》（文學編）第11卷，第329頁。

是軍醫學校的複試，考題是什麼「拓都與么匿」，簡直叫人丈二和
尚摸不著頭腦。幸虧同一考場有人博覽，說這是嚴復翻譯的斯賓塞
《群學肄言》（通譯《社會學原理》）中「整體」與「個體」兩個
詞的音譯，郭沫若這才沒交白卷。不過，本來就沒有學醫意向的
郭沫若就此也失去了對軍醫學校的最後一點興趣。他來到北京，在
擔任川邊經略使駐京代表的大哥處暫時落腳，做好了回四川的心理
準備。一天晚上，大哥的一個朋友來訪，建議送郭沫若到日本去留
學。大哥同意了，願意為八弟支付頭半年的學費；半年後郭沫若則
應當考取官費。當晚決定，第二天晚上就動身。一個更加廣闊的世
界是如此偶然而迅速地出現在郭沫若的眼前，幾年前的奮飛願望終
於要實現了。

　　一九一三年十二月二十八日晚，一列火車從前門火車站開出，
它載著郭沫若，連同他對新生活的憧憬，向著山海關、向著安東、
向著朝鮮半島南端與日本隔海相望的港口城市釜山，進發。坐在火
車上，郭沫若暗暗發誓：「我此去如於半年之內考不上官費學校，
我要跳進東海裡去淹死，我沒有面目再和大哥見面。[21]」

---

[21]　《走出夔門》，《郭沫若全集》（文學編）第11卷，第353頁。

第二章 「我的聖母瑪利亞」

　　日本，一衣帶水的鄰邦。自從十九世紀六十年代「明治維新」以後，日本走上了富國強兵、文明開化之路，漸次成為東亞地區最強大的國家。一八九四年的甲午海戰，武器裝備優良的天朝大國竟然敗在區區島國之下。痛感恥辱之餘，中國的改革家們掀起了變法維新運動，並積極主張派人出國留學、遊歷，向西方學習新科學、新技術；日本以其地理之便，成為許多中國人尋求救國良方的首選之地。清朝政府還與日本訂立了條約，日本開放東京第一高等學校、仙台醫學專門學校等五所官立學校，特別接受中國留學生，對考試合格的入學者，由中國政府發給官費。

　　一九一四年一月，郭沫若從釜山渡海登陸東瀛，寄居在東京郊區偏僻的小石川大塚，開始了一生以來最勤勉的時期。為了不辜負大哥的期望，也為了實踐自己的誓言，他必須在半年內通過日語關，考上官費學校。郭沫若戒除了伴隨多年的菸酒，每日除了步行到神田日語學校補習外，其他的外出一律免除。他在給父母的家書中寫道：「不苦不勤，不能成業。男前在國中，毫未嘗嘗辛苦，致

怠惰成性，幾有不可救藥之慨；男曰今以後，當痛自刷新，力求實際學業成就[1]」。

　　經過半年的突擊拼搏，郭沫若終於在七月份考取了東京第一高等學校預科班醫科，名列第七，成為在最短的時間內考取官費的佼佼者。郭沫若這次選擇醫科，與在國內時報考軍醫學校的情況大不相同。前次因軍醫學校是官費，入學還奉送路費，正好借機離開四川。此番是認真立志要學醫，因為「對於法政經濟已起了一種厭惡的心理，不屑學；文哲覺得無補於實際，不願學；理工科是最切實的了，然而因為數學成了畏途，又不敢學；於是乎便選擇了醫科。[2]」醫學算得上是科學性和實用性結合的最為緊密的學科，在日本也須有些天分的人才敢問津。郭沫若企望學成之後，可據以自立社會，對國家有一點切實的貢獻。按照當時日本的學制，醫學生要熬到大學畢業，需要七年時間，其中高等學校（相當於高中或大學預科）三年基本上用來學德文，帝國大學醫學部四年才是真正的學醫年限；大學畢業後，還須有一年以上的實習階段。而中國留學生又須另外加上一年的高等學校預科，專門補習日語和數理化課程。這樣算來，郭沫若要實現自己的理想至少要花費十餘年的時間。但他想到大禹治水，九年在外，三過家門而不入；蘇武使匈

[1]　《櫻花書簡》第13頁，四川人民出版社，1981年8月，第1版。
[2]　《我的學生時代》，《郭沫若全集》（文學編）第12卷第15頁。

奴，饉齕冰雪十九年，於是豪情頓添：要習得一真正於國家有益的
長技，多花些時間又算得了什麼呢？

　　東京一高要到九月份才開學，期間有長達兩個多月的暑假。為
了躲避人煙稠密的東京那炎熱的盛夏，郭沫若便與兩位好友相約，
前往房州海岸避暑。在無風的時候，海面如同鏡子一般反映著天空
的湛藍色調。第一次遊海水浴的郭沫若彷彿又置身於峨眉山麓的河
水中，張開雙臂，向前划去。不小心喝了一口水，才發現嘴裡的水
是鹹的，像鹽湯一樣。但他的心情依然十分舒暢，不僅日間必遊海
水，就是在有月亮的夜間，也會與朋友們一道，划著小船，駛到附
近的小島上去觀賞夜景。清晨的海面上，有時會駛過三五艘軍艦，
有如墨色的山峰一般，它破壞了海面的平靜，更打破了郭沫若內心
的平靜。從地圖上看，房州灣與渤海灣有某些相似，可在現實中，
一處隱約可見軍國主義擴張的氣焰，另一處卻在帝國主義鐵蹄下呻
吟。郭沫若將對現實的憂思吟哦成了這樣的詩句：

　　　　飛來何處峰　海上布艨艟
　　　　地形同渤海　心事繫遼東

　　開學了。東京一高預科的同學中，有郁文（達夫）、成灝（仿
吾）、張資平等人。幾年後，對文藝的愛好將使他們走到一起，在
中國的五四新文壇上掀起一股浪漫主義狂飆。不過，在預科期間，

郭沫若還是埋頭於學習，一些對四川人來說很難掌握的日語音節，他順利掌握；在國內不甚喜歡的數理化課程也取得了好成績，尤其是數學，一學期下來，名列全班第一。郭沫若身材不高，腦門突出，同學們遂戲稱之「郭大頭」，似乎他的頭腦中能裝下比別人更多的知識。為了節省時間，節省開支，他又與朋友們退掉了大塚的房子，在離學校較近的本鄉區真砂町合租了一間房，集體開伙，過著學生時代所特有的清貧而充實的生活。

　　但身處動盪的時代，很難找到一張寧靜的書桌。一九一五年一月，日本帝國主義向中國政府提出二十一條無理要求，企圖全面控制中國的政治、軍事和經濟，把中國變成日本的殖民地。經過幾個月的祕密談判，北洋政府把解決危機的希望寄託在西方列強的干預上；日本見不能順利達到目的，遂於五月七日發出最後通牒，限袁世凱政權四十八小時之內應允。日本帝國主義的無恥行徑激起了中國人民的憤慨，在日學生也掀起了聲討浪潮。郭沫若和同學們一商量，覺得國家百年積弱，一至於此，還有什麼臉面繼續讀書。於是在五月七日的那一天，與幾個同寓者把鍋碗和書籍賣掉，連夜趕回上海抗議。為此還賦詩一首，以抒豪情：

　　　　哀的美敦書已西，衝冠有怒與天齊。
　　　　問誰牧馬侵長塞，我欲屠蛟上大堤。

此日九天成醉夢，當頭一棒破癡迷。

男兒投筆尋常事，歸作沙場一片泥。

及至到了上海才知道，袁世凱和段祺瑞已經接受了日本提出的多項條款，準備正式簽約。慨當以慷的愛國熱情撞到了冷酷的現實，準備獻身的鬥士轉眼間成了旅館裡無人搭理的閑客，郭沫若感到了前所未有的悲哀。三天之後，他又跟著別的同學一道回到了日本。在六月份的一封家書中，他向父母承認此番舉動「孟浪之失，深自怨艾[3]」。

倏忽，一年的時光就流逝了。郭沫若以第三名的優秀成績從東京第一高等學校預科畢業。當時日本有八所高等學校，根據慣例，預科畢業生按榜次派入各校，即第一名入一高，第二名入二高，第三名入三高……及至第九名又入一高，第十名入二高……，但郭沫若卻以第三名被分派到離東京六、七百公里遠的岡山第六高等學校。可見慣例也有打破的時候。好在郭沫若對此並不計較，他認為讀書在自勉，學校完善與否，關係甚淺。

高等學校醫科的主要學習內容是德文、英文和拉丁文。日本的醫學教育採用德國體制，所以德文成為醫學生首屈一指的語言工具。在教語言課的老師中，帝國大學畢業的文學士居多，他們既不

---

[3]　《櫻花書簡》第68頁。

懂醫學，也不是語學專家，所以都喜歡採用文學作品作為教材。這使得已決心走上醫學道路的郭沫若大量地接觸到了海涅、歌德、屠格涅夫、泰戈爾等人的作品，決心拋棄的文藝傾向又被挑動了起來。

　　就在這時，東京一高期間為保持班內的靠前名次而「躐等躁進」、用腦過度的不良後果開始顯現。郭沫若患了嚴重的神經衰弱。他在十年後追述當年的症狀時，有如下的描述：

> 心悸亢進，緩步徐行時，胸部也震盪作痛，幾乎不能容忍。睡眠不安，一夜只能睡三、四小時，睡中尤始終為惡夢所苦。記憶力幾乎全盤消失了。讀書時讀到第二頁已忘卻了前頁，甚至讀到第二行已忘卻了前行。頭腦昏瞶得不堪，沉重得不堪，熾灼得如像火爐一樣。我因此悲觀到了盡頭，屢次想自殺。[4]

　　一個偶然機會，郭沫若買到了一部《王文成公文集》。王陽明這位明代大儒得不斷地自我擴充、不斷與環境搏鬥的經歷和「萬物一體」的宇宙觀吸引了郭沫若。為了切實地受用王陽明的理論，切實地向這位「努力於自我的完成與發展[5]」的古代哲人看齊，郭沫

---

[4]　《王陽明禮贊》，《郭沫若全集》（歷史編）第3卷，第289頁。
[5]　《王陽明禮贊》，《郭沫若全集》（歷史編）第3卷，第296頁。

若又借助於一本《岡田式靜坐法》來開始靜坐。每天早晚各靜坐三十分鐘，每日讀《王文成公文集》十頁。不到兩個月的工夫，靜坐見效了，每天睡眠時間漸漸延長，心悸也漸漸平復，精神上也慢慢恢復了健康。更為重要的是，藉助王陽明的心學，郭沫若開始理解原本只是在文辭上把握的《莊子》的內涵，更一步步地被引導到老子、孔子以及印度哲學、近代歐洲泛神論哲學等諸多的哲學學說。「從前在我眼前的世界只是死的平面畫，到這時候才活了起來，才成了立體，我能看得它如水晶石一樣澈底玲瓏。[6]」對世界的哲學化領悟加上氣功打坐，把郭沫若從精神崩潰的邊緣挽救回來了。

除了靜坐之外，郭沫若還經常駕著小舟在學校附近一條富於詩意的旭川蕩漾，或是在傍晚登上學校後面的草山，目送落日的餘暉，一任自己的思緒隨著松濤放縱奔流。

真正讓郭沫若在身心兩方面都獲得新生的是偉大的愛神派來的使者，一位富於犧牲精神的日本女性——佐藤富子。

一九一六年暑假，郭沫若前往東京探望患病的一高好友陳龍驥，他的肺病已到晚期，輾轉了幾家醫院，很快就告不治。陳龍驥死後，還有一張X光片留在聖路加醫院，郭沫若便代故去的友人前往索取。接待他的護士小姐就是佐藤富子。或許是從郭沫若的臉上讀出了失去友人的悲哀，佐藤富子對他說了許多安慰的話，並流出

---

[6]　《王陽明禮贊》，《郭沫若全集》（歷史編）第3卷，第289-290頁。

了同情的眼淚。這時，郭沫若從對方的眉目之間發現了一種「不可思議的潔光[7]」，令他肅然起敬。一週之後，友人的喪事辦妥，回到岡山的郭沫若收到了聖路加醫院寄來的X光片。略感意外的是，負責寄來X光片的佐藤富子還附了一封英文長信給郭沫若，以基督教的博愛精神勸慰這位痛失摯友的中國留學生。讀著這位富於同情心的日本姑娘的長信，郭沫若心裡覺得既苦澀又甜蜜，剛剛失去一位知交，又得到一位賢淑的密友，上帝真的是充滿慈悲的嗎？

很快地，一股純真的愛情在岡山和東京之間藉助日趨密集的魚雁往來產生了。從八月到十二月，郭沫若與佐藤富子通信不斷，最密集時每週都有四、五封。十月中旬，佐藤富子有五天假期，他們倆便相約到濱川、大森和房州一帶去旅遊。五天的相處，使他們有了足夠的交流思想和感情的機會。他們談人生、談未來，歡樂和苦惱都在一塊匯聚著。兩年來一直伴隨著郭沫若的異鄉孤旅之感第一次逃匿了。他勸說佐藤富子，既然有志於獻身醫學，不妨把理想定得遠大一些，辭掉目前的護士工作，一心一意地複習準備，參加東京市女子醫學校來年三月的入學考試。這一年的年底，郭沫若又一次來到東京，提出了一個大膽的請求，讓佐藤富子隨他一道前往岡山，借助那三十幾元的官費，開始兩個人的愛情生活。

---

[7]　《三葉集》，《郭沫若全集》（文學編）第15卷，第40頁。

　　一九一六年十二月，佐藤富子隨郭沫若一道前往岡山，正式同
居了。為了掩人耳目，他們倆約定以兄妹相稱，郭沫若還為富子取
了一個好聽的中文名字「郭安娜」。他覺得，是富子的愛，使他澈
底擺脫了心靈的苦悶，度過了精神危機。他用英文寫了首散文詩，
寫一條快要乾死的小魚在少女的眼淚中得救，抒發自己在愛情中得
到新生的喜悅。佐藤富子就像拯救人類的聖母瑪利亞一樣，純真、
善良、仁慈、聖潔；她又像心靈之春的繆司女神一樣，給郭沫若帶
來了作詩的欲望。他最早的一批白話詩（包括〈死的誘惑〉、〈新
月與白雲〉、〈別離〉、〈Venus〉），都是獻給安娜的。

　　　　我把你這張愛嘴，
　　　　比成著一個酒杯。
　　　　喝不盡的葡萄美酒，
　　　　會使我時常心醉。

　　　　我把你這對乳頭，
　　　　比成著兩座墳墓。
　　　　我們倆睡在墓中，
　　　　血液兒化成甘露。

　　　　　　　　　　——〈Venus〉

　　愛情，對於郭沫若來說，是獲得拯救。但對於安娜來說，卻意味著開始踏上艱辛的人生道路。由於抵制家庭主導的婚姻，與一個中國留學生同居，安娜被家族除籍了。二十世紀中日兩國之間長期的敵對關係，又使安娜作為中國著名的左翼文化界人士妻子而受到本國人的歧視和特務機關的迫害；由於郭沫若後來又有了新的婚姻和家庭，安娜便長期被置於漠視和遺忘的境地。

　　佐藤富子，一八九五年四月五日出生於宮城縣仙台市，是家裡三男五女中的老大。祖父是北海道大學的創始人、首任校長，父親佐藤卯佑原是土木工程師，後來信奉基督教，改行當了牧師。佐藤家族的祖先五六百年前就與中國有往來，富子的祖父和父親都到過中國，家中還保存著一些中國書籍。或許佐藤家的女兒的中國情結就此埋下。無獨有偶，富子的妹妹佐藤操後來也成了創造社的著名作家陶晶孫的妻子。佐藤富子一九〇九年進入美國人辦的教會學校尚絅女子學校讀書，一九一四年畢業。尚絅女子學校旨在培養有基督教的泛愛精神、樂於奉獻、有修養的新女性。畢業後，佐藤富子打算真正實踐在學校樹立的人生目標，不顧家庭的激烈反對，隻身來到東京，在京橋區的聖路加醫院當護士，於是才有了與郭沫若的邂逅。

　　對於郭沫若來說，與安娜的同居既不是他的第一次婚姻，也不是他的第一次愛情。早在樂山高等小學時代，郭沫若就與一位同班同學有過超出一般友誼之上的感情。郭沫若後來在自傳中承認，他

們是「一見傾心」。在晚自習時間，在星期六下午和星期天，他們
出雙入對、戀戀不捨。偶爾遇到彼此有事不能見面，還要忙著給對
方寫信，在第二天交換著看，邊看邊抹眼淚。郭沫若自認這是「比
戀愛更嚴肅」的同性戀[8]。及至升入嘉定府中學堂，郭沫若又與另
一位相貌端麗的汪姓少年好到了一日不見如隔三秋的程度，甚至
感到了「真正的初戀[9]」。他們在黃昏或暗夜時分，避開繁華的市
街，到僻靜的城郊或城牆邊上去散步，兩個人相互依偎，彷彿有說
不完的話。他們的親密往來甚至引起一些垂涎於汪姓少年的人的嫉
妒，專門派人盯梢他們倆。一天，郭沫若喝醉了酒，睡夢中覺得有
人在吻他。睜眼一看，原來是汪姓少年正將嚼過的甘蔗汁送進他的
口中。一九一五年，郭沫若回憶起這段感情，尤情不自禁地寫下了
一首〈蔗紅詞〉：

> 紅甘蔗，蔗甘紅，
> 水萬重兮山萬重。
> 憶昔醉朦朧，
> 旅邸淒涼一枕空。
> 卿來端的似飛鴻，
> 乳我蔗汁口之中，生意始融融。

8　《我的少年》，《郭沫若全集》（文學編）第11卷，第78頁。
9　《我的少年》，《郭沫若全集》（文學編）第11卷，第111頁。

那夕起從頭，才將命脈兩相通。

難忘枕畔語從容：從今愛我比前濃。

紅甘蔗，蔗甘紅，水萬重分山萬重。

　　與張瓊華的包辦婚姻，給郭沫若帶來的只有悲涼與痛苦。他想過離婚的問題，但是對方能接受一出嫁就被丈夫趕回娘家的打擊嗎？這豈不是要出人命？再者，年邁的父母恐怕也會因而氣壞身子。與其擔當殺戮無辜的罪名，不如採取逃避的方法，遠離家庭。一九一五年七月，七妹又由父母包辦了婚姻。得知消息，郭沫若揮筆寫下〈夜哭〉一詩，悲悼七妹和自己的青春，又在家書中寫道：

　　父母老矣，為兒女子事，尚是自勞跋涉，為兒子的，何敢更從旁插嘴，撥斤論兩耶？「姻緣總是前生定，不是人間強得來」，「嫁雞隨雞，嫁狗隨狗」，「嫁個臭蛤蟆，也只有飽吃一口」而已。[10]

怨憤之情，力透紙背。這原本是傷自己之懷，卻被七妹誤認作是對她未婚夫的侮蔑，幾次要尋短見，父母也氣得把他痛責了一通。

---

[10]　《櫻花書簡》第79頁。

　　在社會轉型期，思想界的先鋒戰士在行動上不得不對舊的制度做一些妥協讓步，這並非罕見的現象。思想領域的拼搏沒有刀光劍影，但如果把同樣果決的態度帶入現實生活，卻可能傷及無辜。於是，他們之中的一些人只好自己背負著精神和感情的十字架，為他人披荊斬棘，開闢新的生活天地。

　　與安娜的同居既有幸福感，也有負罪感，因為郭沫若過去的種種遭遇，「我的童貞早是自行破壞的了！」「我心中的一種無限大的缺陷，早已無可補的餘地了。[11]」所以他認為自己不僅破壞了戀愛的神聖，而且是以一個不潔的肉體和靈魂接受了安娜無私的愛。一九二〇年，郭沫若在與宗白華和田漢的通信中寫下了這樣的懺悔性自責：「可是我自己的人格，確是太壞透了。我覺得比Goldsmith（哥德斯密——引者）還墮落，比Heine（海涅——引者）還懊惱，比Baudelaire（波德萊爾——引者）還頹廢。[12]」、「你說要人格公開，我幾乎沒有可公開的人格。你說你是不良少年，我簡直是個罪惡的精髓。[13]」、「我罪惡的負擔，若不早卸個乾淨，我可憐的靈魂終久困頓在淚海裡，沒有超脫的一日。[14]」……

11　《三葉集》，《郭沫若全集》（文學編）第15卷，第43頁。
12　《三葉集》，《郭沫若全集》（文學編）第15卷，第16頁。
13　《三葉集》，《郭沫若全集》（文學編）第15卷，第44頁。
14　《三葉集》，《郭沫若全集》（文學編）第15卷，第45-46頁。

　　一九一七年三月，安娜考取東京都市女子醫學校。入學才一個月，她就發現自己懷孕，不得不中斷學業，跟著郭沫若再次回到岡山，把自己的命運更緊密地和郭沫若連在了一起。這一年的十二月，他們的愛情的結晶出世了。郭沫若的大哥給孩子取名和生，「取和氣致祥之義，又以生在日本，意正雙關。[15]」直到這時，一直對兒子的行為不能原諒的父母才稍微改變了態度。對於老人的責備，郭沫若只得承認「是男誤了人（張瓊華──引者）」，懇請「恕兒不孝之罪」[16]。

　　一九一八年八月，郭沫若順利完成岡山六高的學業，升入九州帝國大學醫科，從岡山來到了位於九州北端的中心都市福岡。

　　郭沫若是個窮學生，主要的經濟來源就是四、五十元的學生官費。這原本只供單身生活開支的錢現在要維持一個家庭，而且這個家庭還在添丁進口，其拮据程度可以想見。有段時間經常買五分錢紅薯充當全家的午飯，只有臨時有了稿費，或剛剛領回助學金，才買回一種叫做「驛便當」的盒飯，聊充佳餚盛餐。

　　一家三口來到福岡，棲身在九州帝國大學後面千代松原內一家當鋪堆放典當物品的庫房的樓上，兩間小屋，總面積約一丈見方，樓下有一間煮飯的地方，與其相鄰便是茅房。儘管條件很差，房租卻很貴，以至於吃飯都在節省著，有時甚至不得不把學習用的參

15　《櫻花書簡》第144頁。
16　《櫻花書簡》第142頁。

考書送進當鋪，以解燃眉。六高的同學成仿吾有位同鄉陳老先生到
福岡來治療眼疾，找了一處寬敞的房子欲自行開伙。成仿吾便建議
郭沫若一家搬過去同住，由安娜幫助陳老先生料理家務。安娜聽說
後，竟高興得幾乎流下眼淚，雖然要付出勞動，但可以省下一家三
口的柴米錢，而且居住條件明顯改善。可惜陳老先生兩個月後便因
治療無望而回國，郭沫若和安娜只好另覓了一間小屋。在此後的一
段時間裡，他們經常搬家，唯一的原因就是為了節省開支而尋找更
便宜的住處。

　　次子博生降臨時，他們除了產婆外，連幫傭的女工都請不起，
郭沫若只得自己照顧產婦。彼時恰逢田漢不期而至，郭沫若樓上樓
下來回跑，既要招待客人，又要燒水等產婆來給嬰兒洗澡，忙得不
可開交，連準備招待客人的兩片牛肉也燒糊了。談笑間，郭沫若偶
爾說了句「談笑有鴻儒」，田漢觸景生情，接道「往來有產婆」。
沒想到，這句話卻刺痛了郭沫若。人在窮困的境地，心理承受力許
是特別脆弱的。

　　九州帝大醫學部的課業相當繁重，其教學水準在當時的日本也
名列前茅。為了提高教學科研水準，醫學部聘請了外國的著名學者
前來進行學術交流，巴甫洛夫、愛因斯坦等都曾到福岡授課或演
講。郭沫若從他們的講授中，真切地感到科學事業是照耀人類前進
的明燈。但是，文學一直是醫學生郭沫若無法捨棄的理想，哪怕是
在人體解剖實驗室裡，他的創作欲也會活動起來。在他四年半的醫

科學生生涯中，文藝活動不僅貫穿始終，有時甚至打斷正常的學業。雖然安娜從內心裡希望丈夫學有所成，將來能過上不愁溫飽的生活，但她看到郭沫若在醫學和文學之間猶疑不定、痛苦不堪時，又會義無反顧地支持丈夫。郭沫若在自傳中寫道：「她的性格比我強，只要一起了決心，便沒有什麼猶疑。在我動搖著的時候，反是她來鼓勵我，執行了既定的計畫。[17]」

一九二一年四月，郭沫若打算回上海籌辦文學刊物，行前，房東突然決定收回房子，欲以兩倍的租金轉租他人。這使得郭沫若幾乎要取消計畫。沒想到安娜這時挺身而出，鼓勵丈夫如期回國，她說：「在村上有些熟人，在你回國之後暫時還有官費可領，我們的事你可不用擔心。」

三個月後，在國內為文學理想而不斷碰壁的郭沫若返回福岡，妻兒已被房東逐出；他找到妻兒搬遷後的棲身之處，映入眼簾的是大兒子三個月未剪的頭髮和揹負嬰兒的妻子疲憊的面容。此情此景，引得件件往事襲上心頭，郭沫若忍不住「淚浪滔滔[18]」。苦難的生活，漸漸磨去了安娜的青春。郭沫若覺得，聖路加醫院初次見面時安娜臉上那不可思議的潔光，現在已經消失了。

---

[17]　《創造十年》，《郭沫若全集》（文學編）第12卷，第75頁。
[18]　《創造十年》，《郭沫若全集》（文學編）第12卷，第107頁。

第三章　鳧進文藝的新潮

　　九州帝國大學位於九州島北端的博多灣，這裡氣候溫和，櫻花也比東京早開一個月。一條狹長的海中道將外海隔開，博多灣就如一個內陸的大湖一般，平如明鏡。沿著海灘，還有青翠的十里松原，像一道綠色城牆，將海灘的白沙映襯得更加瑩潔。

　　在這美麗的博多灣，從古老的詩國涅槃的鳳凰騰空而起，以它鮮美的羽毛和熱誠的歌唱，宣告了詩國新世紀的開端。

　　在福岡的四年半生活中，郭沫若被窘迫的經濟逼得多次搬家，但每次搬家都離博多灣不遠，有時就在十里松原中，從住處可以很方便地眺望博多灣的景色。郭沫若經常懷抱著嬰兒或者獨自在海灘上漫步，凝視著海面的粼粼波光，諦聽十里松原的林濤，詩的靈感噴湧而出，那常常困擾著他的醫學與文學的激烈衝突也暫時歸於平復。

　　進入九州大學後不久，郭沫若在博多灣偶遇東京一高時代的同學張資平。倆人談起國內出版界的情形，頗為不滿。當時的刊物中，《東方雜誌》和《小說月報》算得是有影響的兩家。但前者缺

少文學創作，政論之外便是翻譯；後者是鴛鴦蝴蝶派的大本營，才子佳人，之乎者也，時代氣息極其稀薄。經過分析，他們萌動了創辦純粹的文學雜誌的念頭。採取同人雜誌的形式，專門發表文學作品，不用文言，只用白話。他們將熟悉的朋友都想了一遍，發現只有兩個可能的志同道合者：郁達夫、成仿吾。儘管如此，激發了文學熱情的郭沫若仍然興致勃勃，他說：「我想就只有四個人，同人雜誌也是可以出的。我們每個人從每月的官費裡面抽出四五塊錢來，不是便可以做印費嗎？[1]」

　　兩天後，張資平便回他的熊本五高繼續學業，九州大學也正式開學了。雖然這次的談話沒有引出實際的結果，卻在郭沫若的心靈上留下了一道深刻的印痕。三年之後誕生的創造社，就是博多灣的這次談話孕育的結果。

　　一九一九年一月，帝國主義之間的第一次世界大戰結束。中國以戰勝國身分派出代表團參加在巴黎召開的「和平會議」，提出了取消列強在華特權，取消「二十一條」，歸還日本從德國手中奪去的山東主權等要求。但帝國主義列強不僅拒絕了中國代表團的要求，而且將戰敗國德國原先在山東的特權全部轉讓給了日本。消息傳到國內，全國人民義憤填膺。五月四日，北京大學等學校的三千

---

[1]　《創造十年》，《郭沫若全集》（文學編）第12卷，第48頁。

多名學生舉行遊行示威，五四運動由此爆發。六月三日，上海等地
的工人和商人也舉行罷工、罷市，聲援學生的愛國行動。

　　此時在日本，新聞媒介卻充斥著帝國主義的強盜邏輯，他們誣
陷中國的愛國學生是「學匪」，居心叵測地歪曲事實真相。在強烈
的愛國心的驅使下，郭沫若和幾個同學組織了一個愛國的小團體
——夏社（取華夏之義，又以結社在夏天，故名）。夏社的主要任
務是將日本報刊上鼓吹侵略的文章和資料搜集起來，譯成中文，並
針鋒相對地撰寫反帝愛國的文章，向國內的學校和主要報館投寄。
同學們湊錢買紙張、買油墨，還置辦了一架油印機。但是大家都是
學醫的，寫文章不在行，於是翻譯和撰稿的事都由郭沫若一人包了
下來。當時正值盛夏酷暑，郭沫若既要寫文章，又要刻蠟版油印，
付郵也都是自己來。雖然很辛苦，但強烈的民族使命感催促著郭沫
若，心底埋藏的熱情如岩漿一般奔突著。不久，郭沫若的努力終
於得到了反響，上海的《黑潮》月刊在十月底同時刊登了郭沫若的
〈同文同種辨〉和〈抵制日貨之究竟〉兩篇文章。

　　為了更多地瞭解國內動態，夏社訂閱了一份在當時很有革新氣
象的報紙《時事新報》。九月初，報紙寄到了。打開報紙，郭沫若
第一次讀到了中國的白話詩，那是初期白話詩人康白情的〈送慕韓
往巴黎〉，詩中的主人公慕韓即曾琦正好也是郭沫若的友人。詩
中寫道：「聽呵！——／這汽船就要叫了！／她叫了出來／她就要
開去；／我們叫了出來／我們就要做去。」郭沫若感到驚異：如此

自由的體式也是詩嗎？「那麼我從前做過的一些詩也未嘗不可發表了。[2]」於是他將自己在泰戈爾影響下創作的幾首新詩寄給了《時事新報》。沒想到，就在當月的十一日，《時事新報》副刊《學燈》便發表了〈抱和兒浴博多灣〉和〈鷺鷥〉兩首詩。這是郭沫若第一次看見自己的作品印成了鉛字，感到說不出的陶醉；這也是他第一次使用「沫若[3]」的筆名。從此，故鄉的大河就化作了一道絢麗的彩虹，懸掛在五四新文壇的天際。

　　在過去窘迫的生活中，郭沫若也曾扣擊過詩壇的大門。一九一七年，為準備兒子降生，他譯成了一部《泰戈爾詩選》，用英漢對照的方式，加上注釋；寫信向國內的大書店求售，沒有回音。一九一八年暑假，他又譯了一部《海涅詩選》，同樣沒有得到任何回應。

　　沒想到，這次的嘗試竟然成功了，郭沫若蘊蓄已久的創作欲望立刻激發出來。從一九一九年下半年到一九二〇年上半年，他幾乎每天都有詩興襲擊，每天都在詩的陶醉裡，差不多是狂了。一九一九年底，年假中的一天，郭沫若到福岡圖書館去看書，突然詩興襲來，便跑出門去，脫掉木屐，赤著腳在圖書館後僻靜的石子路上踱來踱去，忽而又躺在地上，想真切地和「地球母親」親暱，去感受

2　《創造十年》，《郭沫若全集》（文學編）第12卷，第64頁。
3　沫即沫水，大渡河；若即若水，岷江。均流經四川樂山。

她的皮膚，接受她的擁抱。腦中的詩興不斷推蕩著，鼓舞著。郭沫若急忙跑回家，把大地母親賦予的靈感記錄在紙上，這變成了那首膾炙人口的〈地球，我的母親〉：

> 地球，我的母親！
> 天已黎明了，
> 你把你懷中的兒來搖醒，
> 我現在正在你背上匍行。
>
> 地球，我的母親！
> 你背負著我在這園中逍遙。
> 你還在那海洋裡面，
> 奏出些音樂來，安慰我的靈魂。
>
> ．．．．．．．．．．．．．．．．．．
>
> 地球，我的母親！
> 我的靈魂便是你的靈魂，
> 我要強健我的靈魂來，
> 報答你的深恩。

寫完這首詩，郭沫若感覺像真的從大地母親身上汲取了無窮的力量一樣。那天，住在近處的一位同胞要去橫濱過年，一只大皮箱自己拿不動，要去雇人。郭沫若趕來送他，扛起皮箱就走，步行兩里多路，一直送到了車站。

過完新年，學校又開學了。一年一度，萬象復甦。自然界和人類社會都在這時光的不斷更替中蛻變、進化，個人也在日積月累中不斷揚棄舊我，誕生新我。尤其是在「五四」以後，郭沫若覺得只有和祖國一道進取、一道更新，才會有光輝的未來。一九二〇年一月十八日，他在寫給宗白華的信中寫道：「我現在很想能如Phoenix（鳳凰）一樣，採集些香木來，把我現有的形骸燒毀了去，唱著哀哀切切的輓歌把他燒毀了去，從那冷靜了的死灰裡再生出個『我』來！4」兩天後的上午，郭沫若正在課堂上聽講，忽然，一種詩的意趣襲來，鳳凰的意象再一次出現在腦海中，他彷彿看見，在除夕將近的天空，有一對鳳凰飛來飛去，他們唱著哀哀切切的歌聲，採集香木，準備自焚。這埃及神話中五百年更生一次、永遠不死的神鳥，不正象徵著現時代的普遍精神、象徵著當今的祖國嗎？郭沫若迫不及待地打開筆記本，將襲來的靈感迅速記下來：臨死前的鳳凰，面對著一個該詛咒的世界，到處佈滿「膿血污穢著的屠場」、「悲哀充塞著的囚牢」、「群鬼叫號著的墳墓」、「群

4　《三葉集》，《郭沫若全集》（文學編）第15卷，第19頁。

魔跳樑著的地獄」，在這樣一個世界中，鳳凰也失去了「新鮮」、「甘美」、「光華」和「歡愛」，只有把「身外的一切」和「身內的一切」通通焚毀，才能從死灰中獲得新生。

到晚上臨睡前，上午未盡的詩意又一次襲來，「全身都有點作寒作冷，連牙關都在打顫[5]」，郭沫若趕緊抓起筆，伏在枕頭上便寫，把《鳳凰涅槃》的最後一部分〈鳳凰更生歌〉完成了。他藉用德國浪漫主義音樂家瓦格納樂劇中「主導動機」統一發展的手法，以定型反覆的結構將詩中的英雄主義和樂觀主義情調不斷推向高潮。詩中一連採用了「光明」、「新鮮」、「華美」、「芬芳」、「和諧」、「歡樂」、「熱誠」、「雄渾」、「生動」、「自由」、「恍惚」、「神祕」等十三個形容詞禮讚未來的理想社會，最後在一片歡唱聲中結束全詩。

郭沫若雖然是繼胡適、周作人、康白情等人之後而起的白話詩人，但他的創作風格卻已經經歷了幾次轉變。最初的情詩是模仿泰戈爾的恬靜的悲調，後來又醉心於海涅的清新風格；開始向《時事新報》投稿後，又接觸到了美國浪漫主義詩人惠特曼的《草葉集》，那擺脫一切陳規直抒胸臆的豪邁詩風強烈地震撼了郭沫若，「個人的鬱積，民族的鬱積，在這時找出了噴火口，也找出了噴火的方式」。他期望「打破一切詩的形式來寫我自己能夠夠味

5　《我的作詩的經過》，《郭沫若全集》（文學編）第16卷，第217頁。

的東西[6]」。於是，〈晨安〉、〈立在地球邊上放號〉、〈太陽禮讚〉、〈匪徒頌〉……，一首首充滿男性雄風的音調從他的胸臆間吼出，為中華民族在偉大的時代唱出了偉大的歌聲。

引發郭沫若如此旺盛的創作欲的，是《時事新報》副刊《學燈》的主編宗白華。《學燈》是一個綜合性的文化、哲學副刊。一九一九年八月十五日起開闢新文藝欄目，宗白華也成了新詩創作的積極鼓吹者和參與者。在登載康白情新詩的那期《學燈》上，便有宗白華自己的一首詩〈問祖國〉：「祖國！祖國！／你這樣燦爛明麗的河山，／怎蒙了漫天無際的黑霧？／你這樣聰慧多才的民族，／怎墮入長夢不醒的迷途？／你沉霧幾時消？／你長夢幾時寤？／我在此獨立蒼茫，／你對我默然無語！」

雖然第一次向《時事新報》投稿的郭沫若尚默默無聞，但宗白華憑藉敏銳的藝術感覺，發現了來稿中蘊藏的自由創新的精神。隨著來稿的增多，那火山爆發式的激情更引起了他的共鳴，遂「視同珍寶一樣地立即刊布於《學燈》」，覺得這些詩「篇篇都是創造一個有力的新形式以表現出這有力的新時代，新的生活意識[7]」。一九二〇年初，宗白華開始了和郭沫若私人間的通信，並將田漢介紹給郭沫若認識。此後的三個月間，三人相互交流文學思想，探討人

---

[6]　《序我的詩》，《郭沫若全集》（文學編）第19卷，第408-409頁。

[7]　宗白華《歡欣的回憶和祝賀》，《宗白華全集》第2卷，第279頁，安徽教育出版社，1994年12月，第1版。

生哲理，澈底袒露自己的人格、真誠的懺悔。他們的二十封通信於一九二〇年五月結集為《三葉集》出版，成為繼胡適的《嘗試集》之後的第二部新文學創作集，一時間洛陽紙貴。

從向《時事新報》投稿到宗白華離開《學燈》赴德國留學，短短九個月的時間內，郭沫若在《學燈》上發表的作品超過了四十首（篇），其中包括後來收入《女神》的大部分新詩。有時，郭沫若一個人的作品占滿整個版面，甚至要連載兩天，以至於宗白華的繼任者若將郭沫若的詩排在最後，郭沫若會覺得不公平。後來，郭沫若在回憶起這段經歷時，每每滿懷感激之情，說：「假如那時訂閱的是《申報》、《時報》之類，或許我的創作欲的發動還要遲些，甚至永不見發動也說不定。[8]」這應該是詩人的肺腑之言。正是《學燈》幫助人們認識了這位在五四時期唱出我們民族最好的歌的詩人。

創作上的成功，更加堅定了郭沫若獻身文學的信念。他與醫學的距離拉得更遠了，甚至一度想拋棄學業，轉入文科大學。後來雖經成仿吾的勸說，打消了轉學的念頭，卻一頭栽進文學中，整天與福樓拜、左拉、莫泊桑和易卜生、高爾斯華綏為伴，連課堂都不願進了。幾年前，郭沫若還曾立志以大禹治水、蘇武牧羊的精神攻克學業，現在卻有了新的看法：「醫學能夠殺滅寄生蟲，能夠殺滅微

---

[8]　《我的作詩的經過》，《郭沫若全集》（文學編）第16卷，第215頁。

生物，但是能殺滅培養這些東西的社會制度嗎？」一些志同道合的朋友也互相靠攏，郁達夫、成仿吾、鄭伯奇、陶晶孫……他們經常互寄書信，交換文稿，每有新作，立即裝訂成小冊子傳閱，而且每個人都可以在後邊的白紙上寫下自己的感想和評論。他們給這個手抄本取了一個名稱叫《Green》，即綠色，充滿生命和希望的顏色。

　　一九二一年春天，成仿吾收到上海泰東圖書局的來信，稱編輯所即將改組，希望他加盟。郭沫若得知消息，力主成行，並中斷學業，與成仿吾一道回國。據他們的觀察，國內的新文學運動雖然已經興起好幾年了，但收效甚微，甚至有曲終人散的危險。他們此番回國，就是要力挽狂瀾。

　　然而，事情卻不如想像那般順利。泰東圖書局是個小書店，沒有雄厚的資本，老闆趙南公托人邀請成仿吾，只不過是看中這位東京帝國大學造兵科的學生能通英、法、德、日各國文字，請他兼任科學編輯。也許是代發邀請的人口誤，說成是請他擔任文學主任。當然，編輯所並沒有給他留下這個位置。成仿吾一氣之下，回到故鄉湖南的長沙兵工廠當了一名技正（即總工程師）。餘下郭沫若獨自在泰東編輯所，除了整理自己的詩稿外，還修改了朋友翻譯的一部德文小說《茵夢湖》、照著西洋歌劇的形式改編了一部《西廂記》。但是，他此番的使命是要創辦一種純文學雜誌。經過與趙南公的再三交涉，後者終於同意在泰東圖書局原有的《新曉》之外，

再添加一種新的文學刊物。但是,這本雜誌用什麼名字?定期還是不定期?若是定期,出版週期又多長?如何安排稿件的分工?這些都必須與在日本的朋友們商量。

六月初,郭沫若回到福岡,第二天便起程前往京都和東京。沒想到,兩地的朋友有的忙於考試,有的話不投機,只有郁達夫對辦雜誌最為積極。當時,他正患病住在醫院裡,一聽到辦雜誌,話便多了起來。他告訴郭沫若,自己已經完成了〈銀灰色的死〉、〈沉淪〉、〈南遷〉三篇小說,並已輯成集子,馬上可以給郭沫若。若雜誌創刊,無論是季刊還是月刊,他每期都可以擔任一兩萬字。

郭沫若隨即又去找田漢。田漢因為沉湎於創作,不去上課,丟了官費,經濟上十分拮据。但他生性樂天,十分豪爽地要邀請郭沫若去銀座享受咖啡店的情調。自然,這個邀請無法兌現,就連第二天的早飯和中飯,也是他拉著郭沫若去「拜訪」朋友,順便解決的。

一番奔波後,應該解決的問題好像一個都沒有解決。朋友們答應作文章;但幾個月前不也都答應作文章嗎?事情沒有半點進展。

直至返回福岡前到郁達夫處的那次聚談,才算是將問題解決了。參加這次聚談的,除了郭沫若和郁達夫外,還有張資平、何畏、徐祖正等人,他們都是東京帝國大學的留學生。這次的聚談,定下了刊物的名稱──《創造》,出版週期──季刊。並且決定,出版的時間越早越好;所需的稿件,就在暑假中準備起來。

　　後來，文學史家便將這一天定為創造社成立的日子。

　　七月中旬，郭沫若趕回上海，在華氏一百度的高溫中為《創造》季刊和「創造社叢書」催生。八月五日，《女神》由泰東圖書局出版，為「創造社叢書」之第一種，書中收入郭沫若一九一五年至一九二一年間創作的新詩五十六首；九月和十月，朱謙之的《革命哲學》和郁達夫的小說集《沉淪》又作為叢書的第二種和第三種相繼面世。

　　正當郭沫若編輯的圖書在文壇上產生影響，為泰東圖書局打開銷路時，郭沫若卻打算回日本繼續自己的學業。在日本的時候，他日夜想著回中國，不計身分和地位，哪怕是當一個中學教員也行；可一旦回到上海，又感覺到像是猴子落在了沙漠，感覺到創作力的枯竭。加上創辦純文藝刊物的事仍無著落，靠文學創作養家糊口的想法恐怕也不現實。於是，他向泰東圖書局推薦了郁達夫代替自己，便於九月回到日本，重新坐進了九州帝國大學醫學部的課堂，只是在課餘為《創造》季刊和「叢書」徵文、改稿。

　　一九二一年九月二十九日和三十日的《時事新報》上，刊登了以田漢、成仿吾、郁達夫、郭沫若、張資平、鄭伯奇、穆木天署名的純文學季刊《創造》出版預告，這是由郁達夫執筆的：

　　　　……自文化運動發生後，我國新文藝為一二偶像所壟斷，
　　　　以致藝術之新興氣運，漸滅將盡。創造社同人奮然興起打

破社會因襲，主張藝術獨立，願與天下之無名作家共興起
而造成中國未來之國民文學。

這份「預告」先聲奪人，在五四新文壇上宣告了浪漫主義文學
創作作為一個流派正式出現。

經過一番努力，《創造》季刊創刊號終於在一九二二年五月一
日問世。素白的封面上，楷書紅色「創造」兩個大字；卷首是郭沫
若長達一百五十多行的新詩《創造者》，詩人列舉了「周代的雅
伯」、「楚國的騷豪」、「唐世的詩宗」、「元世的詞曹」以及但
丁、密爾頓、歌德等中外詩歌歷史上光輝的名字，歌頌他們像「永
不磨滅的太陽，／永遠高照著時間的大海，／人文史中除卻了你們
的光明，／有什麼存在的價值？」詩人將新生的《創造》看作是
「最初的嬰兒」，是「開闢鴻荒的大我」，也許在奮進過程中會有
「孤高」和「苦惱」，但是最後的狂歡和光耀將屬於他們。

從一九一七年九月到一九二三年三月，郭沫若在九州帝國大學
陸陸續續念了四年半，終於迎來了畢業這一天，取得了醫學士學
位。一九二三年四月，一家五口來到了上海。早在兩年前，望子心
切的父母就讓長兄郭橙塢在重慶紅十字醫院為他謀得了醫務主任的
職務，月薪四百，但郭沫若無心赴任。若是回到故鄉，肯定難免與
張瓊華見面，這將是一件令人難堪的事。父母至今仍未認可安娜的
身分，信中總是稱這位日本兒媳為兒子的「姜」，稱她的兒子們為

「庶子」，於是郭沫若只能遠離故鄉，請求父母赦免無法承歡膝下之罪。還有一層原因則是郭沫若對文學的情懷難以割捨。「醫學有什麼！我把有錢的人醫好了，只使他們更多榨取幾天貧民。我把貧民的病醫好了，只使他們更多受幾天富兒們的榨取。醫學有什麼！有什麼！叫我這樣欺天滅理地去弄錢，我寧肯餓死！」[9]他覺得，文學或可以通過改造人心來改造社會，他把所有的理想和感情都寄託在這位繆斯女神的身上，而不問她能否給全家人的生活帶來物質上的保障。

但是，安娜卻得每天面對生活的冷酷面孔。原指望丈夫畢業後能有一個穩定的工作，有一份較好的收入，但是，丈夫卻一心在《創造》的事業上，單靠書局那點微博的酬金實在難以維持全家人的開支。從日本來到上海，全家人落腳在一套一上一下的弄堂房子裡；第二天，在安徽大學任教卻感到不如意的郁達夫一家三口也擠了進來，生活變得更加嘈雜而瑣碎。

有一天，徐志摩、胡適、朱經農幾位留學英美的人士來訪，沒想到郭沫若這位創造社大詩人竟然抱著繈褓親自應門，敞著舊學生服，光著腳，「狀殊憔悴[10]」。接待客人期間，這個孩子摔倒了，那個孩子流鼻涕了，都得郭沫若去哄、去擦，安娜則在樓下廚房裡

---

[9]　《漂流三部曲》，《郭沫若全集》（文學編）第9卷，第243頁。
[10]　徐志摩《西湖記》，《徐志摩全集補編》第15頁，上海書店，1994年2月，第1版。

忙碌。可就是在這種窘迫的境地中，創造社的四員大將郭沫若、郁
達夫、成仿吾、田漢維持著三種刊物：一季刊、一週刊、一日刊。

　　眼見孩子們一天天成長，卻無法得到應受的教育；上海的蝸居
四周也看不見一株草木、一抔泥土，無法接觸大自然，孩提的快樂
被剝奪得精光。萬般無奈之下，安娜只好帶著三個孩子返回日本。
她打算先到婦產醫院實習幾個月，然後再來上海，或許可以解決生
計問題。一九二四年二月十七日，這是令郭沫若不勝感慨的日子，
他送走了自己無力撫養的家人，把生存的重擔卸給了安娜。此去之
後，孩子們將靠著母親的辛勤勞作成長。在安娜的眉宇間，郭沫若
又看見了曾一度消失的聖潔的光輝。「祝福你，聖母瑪利亞！永遠
感謝你喲，我最親愛的妻。」郭沫若自言自語道，眼淚禁不住噴泉
一般傾洩出來。

　　但安娜和孩子的離去，並未換來文學事業上的豐收。附錄在
《中華新報》上的《創造日》早已於一九二三年十月因報館「經濟
拮据」停刊，《創造》季刊在安娜返回日本的當月無疾而終，剩下
的《創造週報》也快支撐不下去了。中國之大，尋不到一片純文學
賴以生存的綠洲；上海之大，容不下創造者們的棲身之所。郁達夫
應聘到北京大學教統計，成仿吾打算南下去廣州。安娜回日本後，
也未能如所設想那般進婦產醫院實習。她在給郭沫若的信中傾訴
道：「像我這無力的人簡直沒有法子。被賦予了的東西也被剝奪
了，把持著了的東西也失掉了，我以後真不知如何。在心裡留剩著

的只有這麼一點，女人到了三十無論做什麼事情都遲了！我是只有這一點遺恨。孩兒的爹爹，我對你說，人生是怎樣短促的喲！[11]」收到信後，郭沫若決定立即回日本，「我到日本後，在生理學教室當個助手總可以，再不然我便送新聞也可以，送牛奶也可以，再不然，我便要採取我最後的手段了。[12]」四月一日，郭沫若帶著文學夢驚醒之後的滿腔悲涼，去日本與妻兒們團聚了。

　　當助教、當報童、送牛奶，這些想法都不現實；作為文人，謀生的道路還得靠筆。當謀生的手段於尋求精神出路能達到一致時，理想與現實的衝突就解決了。郭沫若早就對馬克思、列寧這些給人類盜來天火的「匪徒」們滿懷崇敬。對新的社會制度的嚮往，把郭沫若引向了日本著名的馬克思主義學者河上肇《社會組織與社會革命》。若將這部二十萬字的譯稿賣給出版社，所得稿費當可解除生活上的燃眉之急。他埋頭五十多天，從清晨工作到深夜，終於譯完了全書，又從友人借來英文版《蘇俄雜誌》，將有關引文校改，將譯稿寄給了商務印書館。誰知出版商只答應出書後抽版稅，不同意預支稿酬。靠譯書解燃眉之急的想法落空了。郭沫若只得將日文原書送到當鋪，當了五毛錢，救了一次急。這時，每月二十元的房租無疑也成了一個沉重的負擔，全家人不得不搬到六年前住過的那家當鋪倉庫的樓上。室內更顯破舊，房租卻從六元漲到了十元。

11　《漂流三部曲》，《郭沫若全集》（文學編）第9卷，第268頁。
12　《漂流三部曲》，《郭沫若全集》（文學編）第9卷，第280頁。

　　在生活的逼迫下，郭沫若彷彿進入了一個翻譯、創作旺盛期。
短短半年的時間，除了河上肇的《社會組織與社會革命》外，還翻
譯了屠格涅夫的長篇小說《新的一代》（通譯《處女地》），創作
了〈落葉〉、〈喀爾美蘿姑娘〉、〈陽春別〉等二十餘篇小說和散
文。更重要的是，翻譯的實踐和生活的磨礪，使郭沫若的思想發生
了一個明顯的轉變，「我從前只是茫然地對於個人資本主義懷著憎
恨，對於社會革命懷著信心，如今更得到理性的背光，而不是一味
的感情作用了。[13]」昔日推崇的泰戈爾、托爾斯泰，現在看上去離
現實太遙遠了。「今日的文藝，是我們現在走在革命途上的文藝，
是我們被壓迫者的呼號，是生命窮促的喊叫，是鬥士的咒文，是革
命預期的歡喜。[14]」他的新理想是要當一個關注社會、關注人生的
現實主義者。「我要回中國去了，在革命途上中國是最當其衝。我
這後半截的生涯要望有意義地送去。[15]」

---

[13] 《孤鴻——致成仿吾的一封信》，《郭沫若全集》（文學編）第16卷，第
10頁。
[14] 《孤鴻——致成仿吾的一封信》，《郭沫若全集》（文學編）第16卷，第
19頁。
[15] 《孤鴻——致成仿吾的一封信》，《郭沫若全集》（文學編）第16卷，第
20頁。

第四章　北伐途次的戎馬書生

　　一九二四年十一月十六日，郭沫若拖家帶口，從福岡回到了上海。這一天，是他三十三歲生日。

　　十幾天後，由曹錕賄選而引發的軍閥之間的「齊（燮元）盧（永祥）戰爭」（又稱「江浙戰爭」）在持續一個半月之後，偃旗息鼓。有人打算對這場戰爭所造成的破壞做一個調查，這事由國家主義團體「孤軍社」負責。該社的成員大多是郭沫若留日的朋友，他們邀他一同參加為期一週的戰地宜興調查，並擔任調查報告的總編輯。這正好與他「到兵間去」、「到民間去」的想法不謀而合。

　　調查中，一路上到處可見荒蕪的田野和披麻戴孝的女子，渾濁的大運河兩岸是枯槁的楊柳。在戰地的殘垣斷壁前，人們講述軍閥姦淫擄掠，焚毀殺戮的罪行。激起郭沫若義憤的還是帝國主義的經濟侵略和滲透，加速了中國殖民地化的過程。他開始意識到，要使自己的感情有一個切實的轉變，「要把頭埋到水平線下，多過些受

難的生活，多領略些受難的人生。[1]」

回到上海不久，新年過後，一個冬日晚上，郭沫若收到一封由浙江新登三溪口寄來的信，署名「余抱節」的陌生人。信中說：這幾天，孤山的梅花一定開得很好了，月也快圓了，何不趁此機會前去賞梅，好讓我們也見上一面呢？我正像你的小說〈殘春〉裡的主人公所說的「得見一面雖死亦願」渴望著和你見面。若回信，請寄杭州某某女中「余猗筠　小姐」轉。信中約定在杭州錢塘門外的錢塘旅館見面，那個旅館只要三角錢一天，還可以住兩個人或三個人。信末賣了個關子，故意沒作自我介紹。

手捧這封文句柔和、字跡清秀的來信，郭沫若立即想到所謂「余抱節」就是「余猗筠　小姐」的化名。他那顆總不停地追求的心又活躍起來了：風塵中的紅顏知己，這是古往今來多少文人夢寐以求的啊！「——啊，這杭州我是一定要去的，我一定要去的」

那時，安娜和三個孩子都不會說中國話，況且安娜一兩個月之內就要臨產，生下第四個孩子；而他卻要在此時去杭州看花，會素昧平生的女友。萬一這期間發生什麼意外，怎麼對得起患難與共的妻子呢？經過反復考慮，四天後，郭沫若決定不去杭州了，他把「余小姐」的來信當作一個笑話講給安娜聽。誰知，安娜卻力主丈

---

[1]　《到宜興去》，《郭沫若全集》（文學編）第12卷，第356頁。

夫走這一趟，一是不要辜負人家的一片好心，二是去了還可以寫出一兩篇文章來，一舉兩得的事。

一月十九日清晨，郭沫若來到上海北火車站，哪知因為軍閥之間的戰事，這裡已經好幾天沒有開往杭州的火車了。只好第二天改到南站乘車。坐在開往杭州的三等車中，郭沫若的想像又展開了翅膀：「……一到旅館，遇著的果然是她呀！啊，那真是再幸福沒有了！梅花既然還沒有開，孤山是可以不去的。……最初當然是要握手的。其次呢？……月亮出得很遲了，或者我們在夜半的時候，再往孤山去賞月，那比看梅花是更有趣味的。……假使她是能夠彈四弦琴或者曼多琳，那是再好也沒有。不消說我是要替她拿著琴去，請她在放鶴亭上對著月亮彈。……我最好是朗吟我自己的詩吧。就是〈殘春〉中的那一首也好，假使她能夠記憶，她一定會跟著我朗誦的。啊，那時會是多麼適意！[2]」

錢塘旅館到了。看上去，非常簡陋；推門進去，清靜得像一座庵堂。牆上的黑牌上只有兩個名字，並無什麼「余抱節」；再打電話問某某女校，也回答說沒有「余猗筠　小姐」這個人。

郭沫若恍然大悟，原來是上當了。趕緊折回車站，趕上了當天晚上開往上海的火車。不過，安娜的期待卻沒有落空，此行的結果，果然成就了一篇散文——〈孤山的梅花〉和四十二首膾炙人口

---

[2] 　《孤山的梅花》，《郭沫若全集》（文學編）第10卷，第365頁。

的愛情組詩《瓶》。不過，這兩部作品的風格大不相同，一則紀實，一則虛構。《瓶》將一段虛無縹緲的愛情寫得起伏有致，淋漓酣暢。其中既有鍾情男子焦渴的期待，又有聖潔女性溫柔的愛撫；有甜蜜的回憶，也有美好的憧憬。按照郁達夫的說法，這是詩人的思想矛盾和兩重人格的體現[3]，郭沫若自己則說可以用「苦悶的象徵」來解釋。從同時期的小說〈湖心亭〉和〈落葉〉中，可以看出作者感情和現實生活之間的矛盾衝突。他想造一個文學之「塔」，把青春的殘骸都收在裡邊，告別文學，以便於輕鬆上陣，去思慮中國人應該走什麼道路這樣的重大問題。

宜興調查的實際經驗，朋友間的理論切磋，使郭沫若終於明確了，「我們假使不想永遠做人奴隸，不想永遠做世界的資本國家的附庸，我們中國人只剩著一條路好走——便是走社會主義的道路，走勞農俄國的道路。[4]」一九二五年五月，上海爆發了大規模的反帝愛國運動。三十日那天，兩千多名學生到租界內進行反帝愛國演講，聲援工人罷工鬥爭。英國巡捕竟開槍鎮壓，當場打死多人，釀成了「五卅慘案」。這天下午，郭沫若偶爾來到南京路，正遇上英國巡捕開槍殺人！他逆著湧動的人流，想上前看個究竟，被人群擠進了先施公司。來到三樓的西南角上，從一堵玻璃窗口俯瞰下去，目睹了慘劇。

---

[3]　參見郁達夫《〈瓶〉附記》，《郭沫若全集》（文學編）第1卷，第304頁。
[4]　《一個偉大的教訓》，《郭沫若全集》（文學編）第18卷，第16頁。

先施公司中的人被困在樓裡。直到晚上，路面上同胞的血跡被水龍頭沖淨後，才被放了出來。街上行人絕跡，只有滿載全副武裝的外國士兵的卡車呼嘯而過。

血的教訓，使郭沫若進一步認清了中國所面臨的迫切問題；從工人群眾的英勇鬥爭中，他看到了中華民族的希望。在「五卅運動」中，郭沫若到處演講，起草反帝宣言，還創作了二幕歷史劇《聶嫈》，借戰國時代聶政刺韓王的歷史故事，歌頌鬥爭中受傷的工人和犧牲的烈士。他把自己哀愁的情緒和戰鬥的勇毅集中在了走江湖賣唱的盲叟這一角色中。劇本完成後，由上海美專學生在救濟工人的遊藝會上公演了三天。收入七百餘元，郭沫若把它全部捐給了上海總工會。

一九二六年初，與郭沫若有一面之交的瞿秋白向廣東大學推薦了郭沫若；二月，郭沫若就收到了廣東大學的聘書，請他擔任文科學長。郭沫若邀請了創造社同人郁達夫、王獨清一同南下，與先前已在廣州的成仿吾會合。三月二十三日到達廣州時，正趕上「中山艦事件」，廣州氣氛緊張。當天，在國民黨中央農民部部長林伯渠家裡，郭沫若第一次見到了時任國民黨中央宣傳部代部長的毛澤東，「人字型的短髮分排在兩鬢，目光謙抑而潛沉，臉皮嫩黃而細緻，說話的聲音低而委婉。[5]」革命黨人低聲說話，郭沫若過去從

5　《創造十年續篇》，《郭沫若全集》（文學編）第12卷，第297-298頁。

未遇見過。毛澤東談的是廣東的現狀，可惜郭沫若有中耳炎後遺
症，連三成都沒聽到。當時廣州風雲際會，聚集了中國現代史上的
許多重要人物，蔣介石、周恩來、邵力子、汪精衛、何香凝、茅
盾，郭沫若與他們都有來往，有的還結下了終生的友誼。

三月到廣州，七月參加北伐。四個月中，郭沫若依靠廣東大學
師生中的左派和進步力量，大膽地整頓了文科學院，准許學生自由
改選科目，借此將尸位素餐的前清翰林清除出校。此外，郭沫若還
積極參加各種社會活動，多次前往廣州農民運動講習所、東山青
年會、紀念馬克思誕辰大會等處演講。聽說魯迅受到段祺瑞政府通
緝，郭沫若便與校方商定，準備聘請魯迅來校當教授。在文學方
面，郭沫若提出了「革命文學」的主張，指出這種文學「在形式
上是現實主義的，在內容上是社會主義的[6]」，開後期創造社倡導
「革命文學」之先聲。

為了把國民革命推向勝利，廣東國民政府決定進行北伐，消滅
各路軍閥勢力。在周恩來、李一氓等共產黨人的影響下，郭沫若也
決定投身北伐。正好蔣介石和鄧演達在籌組國民革命軍總政治部，
便任命他為宣傳科科長兼行營祕書長，中校軍銜。軍隊設政治工作
部門，這是從蘇聯紅軍學來的建軍經驗。七月九日，國民革命軍誓
師北伐。七月二十一日，郭沫若跟隨總政治部離開廣州。這是一支

---

[6]　《文藝家的覺悟》，《郭沫若全集》（文學編）第16卷，第31頁。

一千人左右的隊伍，負責宣傳、動員之類的工作。由於軍裝開始時並未發下來，身為軍人的郭沫若仍穿著長袍，真是徹裡徹外的「戎馬書生」形象。從七月到十月，經過北伐征途中的奔波，到兵臨武昌時，郭沫若已經官升總政治部副主任，軍銜也已晉升為中將。

攻打武昌是一場硬仗。把守在城內的吳佩孚部隊借助堅固的城牆進行防守，並用從炮艦上拆下的大炮加強防禦，北伐軍只有從敵人手中繳獲的小鋼炮，多次進攻無法奏效。九月二日，北伐軍組織了攻城敢死隊。為了準備敢死隊攻城用的雲梯，政治部被派作臨時工兵隊，到民間去徵集梯子。郭沫若身先士卒，竟然也綁了三、四架雲梯。但是，連續兩天的強攻仍無法拿下武昌。後來又在賓陽門外挖地道，待挖到城邊，卻挖通了護城河，把地道給淹了。直到一個多月後，被圍困的敵人彈盡糧絕，才不得不開城迎降。那天是「雙十節」，中華全國總工會在漢口開幕。郭沫若最先得知武昌城被攻克的消息，在總工會開幕典禮上對代表們說：今天敵軍要開城投降，今年的雙十節值得加倍慶祝，可以說是四十節；同時，總工會又在今天開幕，更加值得加倍慶祝，合起來是六十節！

下午，傳來了守軍敵酋劉玉春被活捉的消息，郭沫若一面布置印傳單，一面用布條寫上「劉玉春活捉了」的標語，圍在一輛汽車上，自己坐上去，讓司機開著四處跑，同時又在車上撒傳單。這種傳播消息的方式煽起了漢口民眾的狂熱，他們簇擁著跟在汽車後邊，一直跟到總政治部駐紮的南洋兄弟菸草公司大樓，把樓前的馬

路圍得水泄不通。因為郭沫若乘坐的是原先吳佩孚的一輛紅色轎車，車窗用白布圍著，大家以為裡邊坐的就是劉玉春，都想看看這個敗將的狼狽相。

十月二十日，為了紀念為北伐勝利而犧牲的烈士，由總政治部主持武漢各團體聯合會舉行了一次盛大的追悼會。郭沫若代替遠在南昌的國民革命軍總司令蔣介石寫了一副輓聯：「嗟爾忠魂，恢宏黨國；存吾浩氣，滌蕩山河」，既畢肖一個總司令的口吻，又表達了自己對烈士的哀悼之情。

蔣介石於一九二七年三月，祕密委任郭沫若為「總司令行營政治部主任」，每月津貼三百大洋；並許諾只要跟他走，拿下江浙後，長江六省的政治就由郭沫若負責。他對郭沫若說：「你無論怎樣要跟我一道走，……到了長江下游，有多少宣言是要請你做的。」三月六日，贛州總工會委員長、共產黨員陳贊賢遭到殺害，郭沫若以政治部名義報請處置兇手，蔣介石批准免職查辦，將命令登在報紙上。三月二十二日，安徽省黨部第一次全省代表大會的開幕典禮受到流氓地痞組織的偽總工會的襲擊；第二天，郭沫若發現偽總工會的組織者竟然成了總司令部的座上賓。當晚，省黨部和各種合法的民眾團體就都被搗毀了。

郭沫若決定要在北伐軍中尋找反蔣的力量，希望有人能夠站出來公開反對蔣介石，肅清一切反勢力。他遊說李宗仁，但是李宗仁優柔寡斷，心存顧忌，藉口要武漢方面下命令才行。這時，蔣介石

已經到了上海，他所扶植的青紅幫隨時可能襲擊駐紮在安慶的總政治部，公開反蔣的郭沫若只得趕快離開安慶。三月二十八日，郭沫若與政治部全體人員抵達九江，隨即他又化裝潛往南昌。三月三十一日，在第三軍教育團團長朱德的住所，郭沫若寫下了著名的討蔣檄文〈請看今日之蔣介石〉：

> 　　蔣介石已經不是我們國民革命軍的總司令，蔣介石是流氓地痞、土豪劣紳、貪官污吏、賣國軍閥、所有一切反動派——反革命勢力的中心力量了。
>
> 　　他的總司令部就是反革命的大本營，就是慘殺民眾的大屠場。他自己已經變成一個比吳佩孚、孫傳芳、張作霖、張宗昌等還要凶頑、還要狠毒、還要狡獪的劊子手了。
>
> 　　……
>
> 　　我們當前的敵人是我們內部的國賊！國賊不除，我們內部只有崩潰下去，民眾一天一天和我們脫離，勇敢有為的同志一天一天被他們排擠，不要等奉系軍閥、帝國主義來攻擊我們，我們自己就會敗亡的。[7]

---

[7]　《郭沫若全集》（文學編）第13卷，第129、150-151頁。

　　幾天後，這篇文章就出現在武漢出版的《中央日報》副刊上，同時以小冊子的形式廣為散發。蔣介石的親信張群、陳立夫者流便在一九二七年五月六日呈請南京中央黨部開除郭沫若的黨籍，並予以通緝。

　　「四·一二」反革命政變後三個月，武漢的國民黨也舉起了反共的屠刀。六月十五日，汪精衛宣佈寧漢合流，第一次國內革命戰爭就此失敗。這時，郭沫若是北伐軍第四方面軍的黨代表兼政治部主任，七月底，他隨部隊來到九江。八月一日，南昌起義爆發，郭沫若被任命為起義部隊的宣傳委員會主席兼總政治部主任。八月三日，起義消息傳到九江，第四方面軍總指揮張發奎解散了政治部，遣散共產黨員。郭沫若便與部內的共產黨員李一氓、陽翰笙、梅龔彬一道，乘坐鐵路上的手搖車，披星戴月，趕往南昌。

　　到達南昌時，起義部隊已經整裝待發，準備揮師廣州。要不是日夜兼程，郭沫若他們就趕不上起義部隊了。這是一次目的地不明確的長征，但是郭沫若對革命還是充滿信心。南下行軍途中經廣昌時，郭沫若與賀龍一道，由周恩來、李一氓介紹，加入了中國共產黨。

　　九月中旬，起義部隊進入潮州、汕頭地區，他們打算在汕頭建立新的國民政府，並先行成立了革命委員會，任命林伯渠為財務委員會委員長，李立三為公安局局長，郭沫若為汕頭海關關長。但因形勢不明，起義部隊遭到了圍攻；汕頭兵力空虛，只有一個特務

連，不得不在十天後撤出汕頭。起義部隊前敵委員會決定，將武裝力量分散到湘、鄂、贛、閩一帶，文職人員經海陸豐轉道香港，匯集上海。

這時，在郭沫若身邊同行的，還有一位關係特殊的女戰友——安琳。安琳是安徽蕪湖人，郭沫若擔任廣東大學文科學長時，她在預科念書；北伐時擔任武漢國民革命軍總政治部婦女股幹事，兼黃埔軍校武漢分校女生隊政治指導員，是郭沫若的下屬。南昌起義後，安琳和郭沫若一直同路而行。行軍途中，郭沫若得了赤痢，是安琳關心、照顧他，每到一個城市都為他尋醫問藥。兩個月的相處，愛情的種子在他們之間萌芽了。

郭沫若認為，戀愛與革命有著某種天然的聯繫，「能夠借戀愛的力量來增進革命的熱情，這是可以謳歌的現象。」他不滿意戀愛成功後就將自己關在家裡安心做太太的人，認為代表未來潮流的新女性，「絕不會因為戀愛成功而墮落，也絕不會因戀愛失敗而沮喪」，她會把戀愛看得和吃飯一樣，兩者都是為了更好地幹革命工作[8]。因此，郭沫若在革命熱情高度張揚的情形中，感情也特別容易衝動，這是和他對愛情、對女性的理性認識相一致的。

九月下旬的一個陰天，隊伍在蕭瑟的秋風中摸黑趕路。突然背後響了幾下槍聲，郭沫若趕緊匍匐在一塊墓碑下；待槍聲過後，郭

---

[8]　《脫離蔣介石以後》，《郭沫若全集》（文學編）第13卷，第200頁。

沫若爬起來，大部隊卻不見了。他向前追趕，不多遠，便遇上了折回頭來找他的安琳。過了一會兒，又遇上了另外兩個掉隊的軍官，後來又陸陸續續碰到一些士兵，遂結伴而行。他們來到一家瓦窯廠休息，士兵們睡在空場上，郭沫若、安琳和兩名軍官睡在屋裡的草堆上。乾而軟的草堆比彈簧床還要舒服，一天奔波的疲勞把他們帶入了夢鄉。等到醒來一看，天已大亮，士兵們不知什麼時候都走光了，只剩下他們四個人。廠裡的窯工們都圍過來看他們，其中女工對安琳的裝束特別感興趣，因為她身著軍裝馬褲，剪了個男式分頭，跟一般的女子打扮不一樣。但，她的確是一個女子，一個有著革命隊伍中的戰鬥經歷的女子。

他們決定由海路去香港，然後再去上海。這得有錢做盤纏。多虧安琳心細，從汕頭出發時，就在腰裡縫了四十塊光洋。另有一位軍官是個會計，身上也帶著主席團的兩百元伙食費。當時有的部隊嫌光洋太重，出發時都不願帶，結果引起不少的麻煩。李一氓那批人就因為身上沒帶錢，不得不冒著危險返回汕頭，找到創造社汕頭發行部借錢，才去了香港。

靠了農民協會的幫助，郭沫若一行四人在這個叫做鹽酸寮的地方的一座草倉裡躲藏了七天，然後又來到海邊上的神泉鎮等待順風。十天後，終於等到了去香港的東南風。當他們登上那艘有著兩道檣帆的漁船，即將向香港駛去的時候，郭沫若想起了李白的兩句詩：「長風破浪會有時，直掛雲帆濟滄海」。

　　一九二七年十月底，郭沫若從香港經廣州回到上海，不久便染上了嚴重的斑疹傷寒，住院二十多天。出院後，原本重聽的雙耳聽力更弱了。久違了的詩興又來光顧，短短六天的時間，他一口氣寫下了二十多首詩。不過，大病初愈的詩人，再也找不回《女神》時代那種噴湧的激情了。儘管如此，這些詩還是洋溢著旺盛的鬥志和樂觀精神，此外，也記錄了詩人在感情上的矛盾衝突。他讀義大利作家鄧南遮的劇本《角孔達》，裡邊說的是，一個已有妻室的雕刻家與女模特兒發生了戀愛，陷入三角關係之中。郭沫若從中發現了多重矛盾的糾葛：藝術與愛情──自由與責任──希伯來精神與異教精神。在他自己的生活中不正在經歷著「革命與家庭」的糾葛嗎？安娜──安琳──革命，這幾重矛盾是如此現實而尖銳地擺在面前，應該如何選擇呢？安琳的形象固然是和革命聯繫在一起的，鹽酸寮山中的生活，碧桃花下的漫步，既充滿羅曼蒂克，又富於時代精神。但是安娜呢？當年如果沒有她的愛情，自己的靈魂恐怕是不能得救的吧？如果這次的重病沒有安娜拖著慢性腎炎的病體細心照料，恐怕也沒有生還的希望了吧？郭沫若在〈歸來〉一詩中寫道：

　　　聽說我在危篤時罵詈過她
　　　還數過她無數的冤枉的罪名。

　　　　她來時有時竟不敢和我見面，
　　　　只坐在偏僻處，望著我出神。

　　　　啊！我如今是清醒了，懺悔了：
　　　　你是我永遠的唯一的愛人！
　　　　所以我要趕快的退出院來，
　　　　我是不願你再為我奔波勞頓。

一個是詩，一個是散文；一個是聖母，一個是女神，兩者是無法重疊，無法替代的。

　　二月一日，郭沫若歷時十年翻譯的歌德《浮士德》第一部出版，安娜特意買來一大盤日本飯團「壽司」，以示慶祝。兩天後，郭沫若將其中一本題獻給安娜：

　　Anna：
　　　　此書費了十年的光陰才譯成了。
　　　　這是我們十年來生活的紀念。
　　　　　　　　　　　　　　　　　　　M.K. 3 Feb 1928

第二頁又用德語寫道：

Gewidmer Meiner Ewiglicher Liebe Anna

（獻給我永遠的戀人安娜。[9]）

可在整理譯稿時，郭沫若也曾得到過安琳所給予的靈感，重譯了「甘淚卿之居室」一節，「完全是以自己的情緒借了件歌德的衣裳[10]」

自從那人去了，
我如葬在荒郊，
這全盤的世界呀，
變作了囚牢。

我的頭兒可憐，
像要成為瘋癲，
我的心兒可憐呀
是已經碎亂。

……

[9]　《郭沫若先生流亡十年拾零》，《郭沫若研究》第2輯，文化藝術出版社，1986年3月。
[10]　《離滬之前》，《郭沫若全集》（文學編）第13卷，第297頁。

我要和他親吻，

親他一個甘心，

我就讓他親吻呀，

送我的殘生！

　　在這種幾乎是沒有結果的選擇中，郭沫若似乎也陷入一種迷茫，他在日記中寫道：「戀愛，並不是專愛對方，是要對方專愛自己」。他還寫下〈歇斯底里〉一詩，答覆那苦戀著自己的少女。

我縱有無數愛人，

這與你有什麼緊要？

革命也是我的愛人，

難道也要和她計較？

　　流亡日本前夕，在朋友們舉行的餞別晚宴上，郭沫若見到了分別幾個月的安琳，她瘦了，臉色也很蒼白。出席晚宴的安娜從她與郭沫若應對時拘束的表情中發現了問題。回到家裡，安娜問丈夫與安琳的關係，郭沫若把實際情況告訴了她。「你愛她嗎？」安娜問。「自然是愛的，我們是同志，又同過患難來。」郭沫若坦率地承認。「既然愛，為什麼不結婚呢？」「唯其愛才不結婚。」「是

我阻礙你們罷了。假如沒有這許多兒女，我是隨時可以讓你自由的。……」夜越來越深，郭沫若沒有再答話。

　　大革命失敗後，白色恐怖籠罩著中國。郭沫若早在「南昌起義」之前就被國民政府通緝，賞格為三萬元。為了保存革命實力，中國共產黨領導層安排一些人出國流亡。最初計畫讓郭沫若一家人前往蘇聯，十二月上旬出發。為此，郭沫若和安娜還專門添置了北國生活必須的一些禦寒衣物。沒想到，那場幾乎奪走郭沫若生命的斑疹傷寒使他們錯過了蘇聯的船期。到了一九二八年二月，白色恐怖變本加厲。不斷有中共地下組織被破獲。郭沫若又和周恩來等重新考慮了出走方案。去蘇聯固然好，但那裡離中國太遠，而且語言不通，人生地不熟；若是打算著書立說的話，要對中國文壇發生影響很難。而日本則離中國近些，雖說是法西斯統治，但畢竟是安娜的祖國，生活會容易些；孩子們也是在那兒長大的，進日本學校，對他們的學業也更有利一些。成仿吾和創造社同人決定每月提供一百元生活費，這樣，經濟上就算基本有著落了。

　　事不宜遲。上海衛戍司令部的特務已經探悉郭沫若的住址，第二天就要來拿人。但就在這一天，一九二八年二月二十四日，郭沫若化名為南昌大學教授吳誠，假裝到東京考察教育，登上了開往神戶的日本郵船「盧山丸」；安娜和孩子們另乘開往長崎的「上海丸」。上海丸比盧山丸速度快兩天，所以他們約定三天後在神戶碼頭會齊。之所以分開行動，是為了避免目標過大，引起特務注意。

汽笛拉響了，郭沫若望著沉默的祖國，留下了眼淚：祖國，現在你連保護你的兒女的生命安全的能力都沒有，我不能不離開你了。再見了，祖國！

第五章　流亡日本，潛心治史

　　一九二八年二月二十七日上午，郭沫若抵達神戶，與比他早到兩天的安娜和孩子們會合了。這次的日本之行，除了經濟上與過去同樣貧困之外，頭上又多了一頂「左派要人」的帽子，報紙上還登載過他和全家的照片。若要公開身分，無疑會帶來很多的麻煩，所以只能繼續使用「吳誠」的假名，以便隱藏。

　　當天下午，他們前往東京。因為安娜跟她的家族和親屬都斷絕了往來，只得暫時投奔東京帝大醫學部畢業生、郭沫若廣東大學時的同事桂毓泰博士的亡妻花子夫人的娘家。說起來，郭沫若去年十一月底得的那場斑疹傷寒就是花子夫人傳染的。那次桂博士夫婦往日本省親，在郭沫若家借住了一宿。斑疹傷寒的傳染媒介是蝨子，很可能是他們在從廣州到上海的幾天船上生活中帶上了染有病毒的蝨子，從而將病毒傳染給了郭沫若。郭沫若與花子夫人同時患上了斑疹傷寒，花子夫人死了，郭沫若卻從死神的魔掌下逃脫；只是，聽力比以前更弱了。

　　花子夫人生前與安娜是好朋友，她年邁的父母熱情地接待了這

家從中國來的流亡者。雖說這家人在經濟上並不寬裕，還要靠出租
房屋給中國留學生以貼補家用，但還是擠出房間，讓他們住下。安
娜也好像回到了娘家一樣，幫助老人炊爨灑掃。但是，當時的日本
政治統治正走向法西斯化，左翼文藝運動和馬克思主義理論研究開
始受到摧殘，萬一這位「吳誠」的真實身分暴露，東京——日本軍
國主義統治的中心，能容留這麼一個「政治犯」嗎？不得已，郭沫
若一家人只得告別花子夫人的父母，經朋友介紹，遷往千葉縣市川
市一處鄙陋的鄉鎮避居。這裡與東京隔著一條江戶川，在治安上處
於東京的警視廳和地方員警兩不管地帶，相比之下，較為安全；何
況離東京市中心也不遠，乘電車要不了半個小時。

在市川住定後，孩子們總算有了一個相對安寧的環境，可以讀
書了。不過，他們還必須用母親的姓氏——佐藤，以避免不必要的
麻煩。

郭沫若又和國內的朋友恢復了通信聯繫——自然也要用化名。
當時有各種謠傳，有的說他被新軍閥朱培德關在南昌的監獄裡，有
的說他被日本政府遞解回國了。北平的報紙甚至發消息說「郭沫若
已成了斷頭之鬼」，個別讀者信以為真，還作詩來追悼他。郭沫若
為此而感奮，這說明自己在進步陣營中的影響並沒有因為亡命國外
而消失。他只有拿出勇氣更堅毅地生活下去，在文化學術領域繼續
工作，才能不辜負朋友們。在偏僻的鄉村陌巷，郭沫若開始系統閱
讀馬克思主義論著，同時還廣泛涉獵哲學、歷史、經濟學等各個領

域的經典著作。幾個月下來，他突然產生了用辯證唯物論對中國傳統典籍《易經》進行重新闡釋的衝動，「我感覺著那所包含的宇宙觀是符合於辯證式的與唯物論的[1]」。他從一家舊書店買了一本日文版的《易經》，用了六天的時間，完成了《周易的時代背景與精神生產》一文。這是郭沫若用馬克思主義的理論與方法研究中國歷史的最初嘗試。

　　就在寫完這篇論文的第二天，八月一日中午，突然有六、七個「刑士」（便衣員警）闖進郭沫若家門，自稱是東京警視廳的人，有事要找郭沫若去「談談」。郭沫若自忖沒有什麼把柄落在他們手中，便安慰安娜，讓她留在家裡和孩子們在一道，自己帶上少許零用錢，跟著刑士來到了東京的日本橋區警察局。經過三個小時的訊問後，郭沫若被關進了拘留所。第二天，又受審一次，問的和昨天一樣，無非是為什麼用假名，此番來日本有無特殊使命之類。審問完後，員警還為郭沫若叫了一客西餐；郭沫若以為可以自由了，沒想到，又把他帶進了拘留所。按照日本法律，拘留時間不得超過二十四小時。但郭沫若聽同監室的人說，日本員警可以在得不到證據的情況下，永遠拘留一個人。辦法就是每天將人帶出拘留所一次，然後又再帶回來，算是第二次拘留。這樣的連續拘留法，每次都不超過二十四小時，永遠不會違法。

---

[1]　　《跨著東海》，《郭沫若全集》（文學編）第13卷，第331頁。

直至第三天，警察局才宣佈釋放郭沫若。但在釋放前，卻由一個什麼司法主任嚴厲地訓飭了一頓，警告郭沫若要循規蹈矩，不要圖謀不軌，否則隨時可以剝奪自由，甚至生命。

事後才知道，此次事件純屬偶然。原來，創造社每月寄給郭沫若的一百塊生活費，是由一家販賣中國雜貨的京華堂負責轉交；京華堂的老闆小原經常跑上海辦貨，被警察局懷疑走私，受到了搜查。搜查中，發現小原與「吳誠」有來往，便將小原和郭沫若都拘留了。

在此之前，郭沫若的行蹤也曾引起警方注意，這位來東京考察教育的「吳誠教授」從神戶上岸後便不見了蹤影。警方曾經懷疑，吳誠就是郭沫若，並向南昌大學核實有無吳誠其人。令人驚訝的是，南昌大學真有這麼一位吳誠教授。郭沫若被拘留的那天，員警截獲了成仿吾從柏林給郭沫若的一封長信，從而證實了警察局的猜測。為了弄懂那封信的意思，警視廳外事課的一名「支那通」花了兩個通宵，也沒查出什麼。這就是無緣無故拘留郭沫若達三天之久的原因。

為了營救郭沫若，安娜也使出了渾身解數。她先找到與娘家同屬仙台蕃的士族橫田兵佐衛門，又由橫田找到思想檢事平田熏，得知郭沫若沒什麼大問題，很快就可以回家，才放心。郭沫若回到家裡，三歲的女兒淑子迎出來，向爸爸要吃的。她還以為爸爸到外邊旅行了三天呢。

　　經過這次變故，原先有來往的一些人個個避之唯恐不及。京華堂的小原老闆讓郭沫若以後不要再到他那裡兌款子，老闆娘還把北伐時期小原在中國為安娜和家人們拍的照片都還給了他們，意思是以後斷絕來往，免生是非。過去頗有俠骨熱腸的大眾文學作家村松，態度也變得陌生了起來。橫田兵佐衛門也表示不能再掩護他們了。更叫人難以忍受的是鄰居們戒備而輕視的目光，他們彷彿在責備安娜：你太不自愛！一個日本女人，嫁給支那人做老婆，而且是一個壞蛋！

　　不得已，郭沫若又把家搬到了離市川市不遠處真間山的腳下。郭沫若流亡日本期間的主要著作《中國古代社會研究》、《甲骨文字研究》、《殷周青銅器銘文研究》都是在這裡完成的。

　　原以為在這背靠佛寺、面臨田疇的僻靜之地能夠避開人們複雜的目光，呼吸到一點新鮮的空氣，但是，剛剛搬家，刑士和憲兵就找上門來了。在市川的警察局看來，這位蹲過東京的拘留所的中國人，是個「巨頭」。他們派了一個刑士專門監視郭沫若，不僅出門要跟著，就是平時在家，他也常常不期而至，東拉西扯，說些不相干的話，糾纏半個小時才走。這個鄉下的刑士大概沒有見過什麼世面，他聽說郭沫若當過中將，便恭恭敬敬地稱他為「閣下」。有一天，他問郭沫若：閣下，你的部下還有多少人？郭沫若伸出四個手指，意思是有四個兒女。沒想到刑士誤以為郭沫若還有四萬人馬，吃驚道：那可要很大一筆數目來養啦！

　　相比之下，監視郭沫若的憲兵中士就顯得粗暴蠻橫得多。開
頭，他差不多天天來，從不打招呼。從後門闖進來，穿過甬道，又
從前門穿出去。按照日本法律，這是犯了家屋侵入罪的。但這是中
國人家，日本法律自然不保護中國人。有一天上午，郭沫若正在看
報，這個憲兵中士又來了，郭沫若忍無可忍，指責了他。沒想到他
暴跳如雷：

> 　「怎麼樣，我是奉命看管你的！」
> 　「豈有此理！你管不著我！」「你犯了你們的國法！」
> 　「哼，你是支那人，我們的國法不是為『槍果老』
> （日本人對中國人的惡稱）設的。你有膽量就回你的支
> 那去，我卻有膽量在你支那境內也要橫行，你把我怎麼
> 樣？」

　　郭沫若氣憤得腦子幾乎都要炸裂。是的，憲兵說的沒錯，日本
人正在中國境內燒殺搶掠，濟南慘案殺死中國人六千多，並且積極
陰謀控制東北。而自己卻連自己的國家都不能見容，又能把眼前這
個軍國主義戰爭機器上的小小零件怎麼樣呢？
　　按照古史研究的順序，在〈周易的時代背景與精神生產〉之
後，郭沫若繼續研究《詩經》與《尚書》，寫出了〈詩書時代的社
會變革與其思想上的反映〉一文。但郭沫若隨即對自己據以研究上

古歷史的資料發生了懷疑。《詩》經過了孔子的刪改，《書》也有今文古文之分，顯然都已不是原始面目。如果拿著歷史唯物主義的公式硬往這不可靠的史料上套，怎麼能夠得出正確的結論？郭沫若猶豫了。他想起在岡山六高讀書時，曾經見過一本羅振玉編著的《殷墟書契》，對安陽小屯出土的甲骨作了初步的考釋和解說，認定屬於殷室王朝的文物。如果能將先秦典籍和殷墟卜辭、殷周青銅器銘文結合起來研究，不就能最大限度地接近於歷史的真相嗎？若想讀懂甲骨文，門徑何在呢？郭沫若來到東京本鄉一丁目專賣中國古籍的書店文求堂，想從這裡找到研究殷墟書契的入門書。

文求堂的主人田中慶太郎有很深的漢學素養，他是外國語學校中國語科的畢業生，一九〇〇年以後多次前往中國，一九〇八年至一九一一年的整整三年，他都住在北京，埋頭於中國善本珍品的研究和搜求，與中國的名士們也有較多的往來。回國後，他把文求堂的主要業務從出版轉向了中國古書和字畫的輸入，經常往來於東京和上海之間。由於這次相識的機緣，文求堂的主人和郭沫若開始了長達數年的密切往來，並建立了友誼。一九三一年，郭沫若的《甲骨文字研究》和《殷周青銅器銘文》出版，出版社寄來樣書各二十本，郭沫若每種留下兩本，其餘的都拿到了文求堂。田中慶太郎很爽快地以七折全部收下，並付了現金。郭沫若的《兩周金文辭大系》是他兩年心血的結晶，他向商務印書館聯繫出版，遭到拒絕，是文求堂以三百元的價格接受了下來。數目雖然不大，但對於連續

幾個月以四、五十元錢維繫六口之家生活的郭沫若來說，卻能解除窘困。此後，郭沫若重要的考古學著作《金文叢考》全四冊和《金文餘釋之餘》、《卜辭通纂》、《古代銘刻匯考》等也是在文求堂出版的。因為敬重郭沫若的學問和才華，田中慶太郎還讓自己的兒子師事郭沫若，學習甲骨文和金文。但是文求堂與郭沫若的關係，基本上是出版商與著作家的關係，田中慶太郎有著與他的熱情同等的精明。隨著郭沫若學術地位的提高，文求堂的名聲也越來越大。

　　不過，那天是郭沫若第一次走進文求堂，田中還不認識這位古文字學家。問明來意，田中向郭沫若出示了羅振玉的《殷墟書契考釋》，這正是他迫切需要的。但一看定價是十二元，郭沫若身上只帶了六塊多錢。於是他跟店主商量，能否以六元錢做抵押，把書借回去看兩天？因為素昧平生，田中慶太郎委婉地拒絕了郭沫若的要求，卻向他介紹了一個查閱甲骨文資料的更好的去處──東洋文庫。

　　東洋文庫是一家私人圖書館，是日本漢學家中「東京學派」的大本營。這一派的漢學家力主中國文化外來說，認為中國上古文化是古代馬其頓國王亞歷山大大帝東征（時在戰國中葉）後由西方輸入的，所有的先秦典籍都是後人假託。基於這種荒謬的觀點，甲骨文和金文這類珍貴的地下文物，都沒有被他們放在眼裡。這對於郭沫若倒是一個極大的便利，使得他在資料的應用方面，與「東京學派」的漢學家們毫無衝突；文庫收藏的豐富的甲骨文和金文資料，都歸郭沫若獨攬。

一兩個月之內，郭沫若讀完了東洋文庫中所有的甲骨文和金文著作，也讀完了王國維的文集《觀堂集林》。在羅振玉、特別是王國維的導引下，郭沫若順利地找到了釋讀古文字的新門徑，使他具備了將科學的方法論與考古學的精確發現相結合的條件。此外，郭沫若還認真閱讀了米海里司（A. Michaelis）的《美術考古一世紀》一書，掌握了如何利用考古學的發現研究古代社會的理論的方法。

在流亡生活中，郭沫若只能從日本報紙上瞭解國內情況，那些消息，或真或假，撲朔迷離，很是隔膜。因此，一有機會與國內來人或留學生接觸，他總是十分興奮，同時也願意接受他們的邀請，對他們的活動給予支持和幫助。郭沫若把這作為參與國內左派文藝運動的間接途徑。一九三四年五月，在日本留學的青年畫家傅抱石在東京舉辦書畫篆刻個人展，郭沫若為他的許多作品題詩落款，主持畫展開幕式；為了擴大中國藝術在日本的影響，他還在記者招待會上親自擔任翻譯。

一九三五年五月，東京「左聯」支部創辦的《雜文》月刊出版，郭沫若積極為之撰稿。該刊面向國內發行，到第三期時引起上海當局注意，被查禁。郭沫若便建議將刊名改為《質文》（取自歌德自傳《質與文》，又譯《詩與真》），是刊物得以繼續出版。質文社還編譯出版「文學理論叢書」，宣傳馬克思主義理論；郭沫若摘譯了馬克思《神聖家族》一書的後半部分，取名為《藝術作品之

真實性》，作為叢書的第一種出版。留日學生創辦的其他雜誌如《東流》、《詩歌》、《文海》等，都不同程度地得到過郭沫若的幫助。

一些步入文壇不久的青年作家對郭沫若還有各式各樣的要求，如題寫書名，給作品作序，審閱修改稿件等，郭沫若都是有求必應。參加過十九路軍在福建的倒戈反蔣事件的丘東平來到東京，加入了「左聯」支部。他把自己的小說給郭沫若看，郭沫若大為讚賞，認為在技巧上有日本「新感覺派」的傾向，「而於意識明確之點則超過之[2]」。只是由於趕著完成手頭的一部譯稿，沒有時間寫下詳細意見。丘東平還誤以為郭沫若對自己的風格不感興趣呢；直到後來又一次見面，才發現郭沫若是自己的知音。

一九三五年，曹禺的處女作《雷雨》由中國留日學生兩度公演。郭沫若對中國劇壇的這部天才之作給了很高的評價，認為「作者於全劇的構造，劇情的進行，旁白的運用，電影手法之向舞臺藝術之輸出，的確是費了莫大的苦心，都很自然緊湊。作者於精神病理學、精神分析學等，似乎也有相當的造詣。[3]」這篇文章與日本著名戲劇家秋田雨雀的評論一道被收入一九三六年二月出版的《雷雨》日譯本。一九三七年春天，中國留日學生又公演了曹禺的第二部劇作《日出》，郭沫若欣然前往劇場觀看，後又將女主角扮演者

---

[2]　《東平的眉目》，《郭沫若全集》（文學編）第13卷，第339頁。
[3]　《關於曹禺的〈雷雨〉》，《郭沫若全集》（文學編）第16卷，第183頁。

——剛剛從復旦大學畢業後來到日本的封禾子（鳳子），請到家中，他和安娜又是買魚，又是殺雞，熱情款待之餘，還特意寫了一首七絕題贈給鳳子。

　　一九三六年十月十九日黃昏，小病初愈的郭沫若寫完了一篇有關《資本論》中提到的中國人的考據文章，他放下筆，拿起剛剛送來的晚報，一條噩耗映入眼簾：魯迅先生於今晨五時二十五分在上海逝世。這個消息太令人吃驚了，他有點不相信自己的眼睛。又想到日本報紙上關於中國的消息常常有誤，便跑到鄰居家去借看別的報紙。別的報上也登載著這條消息。看來，魯迅這顆現代文壇上的巨星真的隕落了。

　　郭沫若沉浸在深深的悲哀中，一幕幕往事悄悄地湧上他的腦海。他與魯迅都是新文化運動中對封建主義傳統作戰的驍將，共同在文藝界奮鬥將近二十年，「但由於人事的契闊，地域的暌違，竟不曾相見過一次」，倒是打了不少的筆墨官司。「雖然時常想著最好能見一面，親聆教益，洞闢胸襟，但終因客觀的限制，沒有得到這樣的機會。[4]」如今，隨著魯迅先生的去世，這成了郭沫若，同時也是現代文壇的永遠無法彌補的憾事。

　　郭沫若與魯迅相互暌異，始於「五四」時期。除了客觀上未能同處一地之外，個性的差異，趣味的不同，藝術觀念的衝突，都是

[4]　《民族的傑作——悼唁魯迅先生》，《郭沫若全集》（文學編）第16卷，第257頁。

兩人由誤會導致積怨加深的原因。再者，他們的矛盾也總是和各自
所代表的文學流派成員之間的意氣用事交織在一起。

　　郭沫若第一次讀到的魯迅作品，是發表在一九二〇年十月十日
《時事新報・學燈》上的〈頭髮的故事〉，這也是郭沫若第一次接
觸新文學的小說創作。這篇作品給他的印象是「觀察很深刻，筆調
很簡練」，但「感觸太枯燥，色彩太暗淡，總有點和自己的趣味相
反駁。[5]」二十年代前期，郭沫若是創造社的代表人物，魯迅是現
實主義流派的巨擘。雖然在創造社與文學研究會的筆仗中，郭沫若
與魯迅都曾成為對方指責的對象，但兩人之間並無直接交鋒。在創
造社成員中，魯迅與郁達夫見面最早，一九二三年十一月，郁達夫
就拜訪過魯迅，並以自己的《蔦蘿集》和《創造週報》（半年彙
刊）相贈。十年後，魯迅特別提到郁達夫「臉上也看不出那麼一
種創造氣[6]」，由此可以反證他對創造社其他成員的印象。與魯迅
最早發生直接衝突的是成仿吾，他在一九二三年十二月作有一篇
〈《吶喊》的評論〉，認為「假使《吶喊》有一讀之價值，它的價
值是在後期的幾篇」，尤其「〈不周山〉又是全集中極可注意的
一篇作品」，它顯示出作者「不拘守寫實的門戶，他要進入純文藝

5　《「眼中釘」》，《郭沫若全集》（文學編）第16卷，第116頁。
6　《偽自由書・前記》。

的宮庭[7]」。但《吶喊》重版時，魯迅偏將〈不周山〉撤下，以示對「純文藝」的不屑。

其實，歷史曾經為郭沫若與魯迅的聯合提供過幾次機遇。第一次是郭沫若任廣東大學文科學長期間，曾向魯迅發過聘書；但那時魯迅已應聘廈門大學在先。等到魯迅被一群小人擠兌到廣州時，郭沫若已經在北伐途中。但魯迅確曾打算「到廣州後」「同創造社聯絡，造一條戰線，更向舊社會進攻」。[8]第二次是大革命失敗後，郭沫若和魯迅都到了上海。創造社的鄭伯奇、太陽社的蔣光慈等人打算辦一個刊物，請魯迅合作，魯、郭兩人都欣然同意，並在《創造週報》復刊廣告上共同名列「特約撰述員」。但此事遭到一群甫從日本回國的創造社新進成員李初梨、馮乃康、朱鏡我的反對，因而未能實現。郭沫若一開始是行動不便，繼而患病兩個多月，痊癒後很快流亡日本，與魯迅也就未能謀面。

一九二八年一月，朱鏡我、馮乃康編輯的創造社理論刊物《文化批判》創刊，祭起了「革命文學」的大旗。馮乃康發表《藝術與社會生活》，將魯迅、葉聖陶、郁達夫（已經脫離創造社）當作批判物件，指責他們「守舊」、「隔膜」，反映的只是社會變革期中的落伍者的悲哀。魯迅遂寫了〈「醉眼」中的朦朧〉加以反駁，

---

[7]　《〈吶喊〉的評論》，《成仿吾文集》第151頁，山東大學出版社，1985年1月第1版。

[8]　《兩地書真跡（原信・六十九）》，上海古籍出版社，1996年1月第1版。

發表在三月十二日出版的《語絲》週刊上。六月，郭沫若化名「杜荃」寫了《文藝戰線上的封建餘孽》一文，聲援國內的創造社同人，他給魯迅扣上了三頂大帽子：「資本主義以前的一個封建餘孽」、「二重的反革命人物」、「一位不得志的Fascist」。[9]由於用的是化名，郭沫若並未站到前臺與魯迅叫戰。到了一九三二年，魯迅發表〈上海文藝之一瞥〉的演講，對創造社的「尊貴天才」、「為藝術而藝術」、「專重自我」等文學傾向進行了分析，又一次激起了郭沫若的極大憤慨，在極短的時間內完成了《創造十年》這部回憶錄，用於澄清某些事實，從而也為中國現代浪漫主義文藝運動留下了一部翔實的史料。套用魯迅感謝創造社「擠」他看了幾種科學的文藝論，從而明白了先前糾纏不清的疑問的說法，郭沫若也應該感謝魯迅，因為《創造十年》是他「催生」的。

三十年代中期以後，郭沫若與魯迅又有了聯合的傾向，他們都有意識地克服自身的片面性，變得更加寬容，更加理解對方了。在「兩個口號」的論爭中，因為「國防文學」口號提出在先，郭沫若在弄清它與中國共產黨「停止內戰，一致抗日」的主張的關係後，表示擁護這一口號。而當魯迅等人稍後提出「民族革命戰爭的大眾文學」口號時，郭沫若起初認為沒有必要再提一個新口號。1936年6月，他連續寫了〈在國防的旗幟下〉和〈國防・污池・煉獄〉等

9　《文藝戰線上的封建餘孽》，第165頁，陝西人民出版社，1984年4月第1版。

文，具體闡釋「國防文學」口號的內涵；旋又於七月十日以「國防文學」為專題，與質文社成員進行了座談。魯迅此次對郭沫若的意見不僅沒有拒斥，反而非常重視，並採納了一部分。他在著名的論戰文章〈答徐懋庸並關於抗日統一戰線問題〉中表示：「我很同意郭沫若先生的『國防文藝是廣義的愛國主義的文學』和『國防文藝是作家關係間的旗幟，不是作品原則上的旗幟』的意見。」又說：「例如我和茅盾，郭沫若兩位，或相識，或未嘗一面，或未衝突，或曾用筆墨相譏，但大戰鬥卻都是為著同一的目標，決不日夜記著個人的恩怨。[10]」讀了魯迅這篇披肝瀝膽的文章，郭沫若十分激動。儘管他仍然堅持「國防文學」的觀點，卻折服於魯迅開闊的胸襟和高度的原則性。他在盛夏的酷暑中「打著赤膊費了一日之力」草就了〈蒐苗的檢閱〉一文，詳盡地闡明瞭自己對「兩個口號」的態度和觀點，同時對魯迅先生關於兩人關係的表述作了呼應：「我自己究竟要比魯迅先生年輕些，加以素不相識，而又相隔很遠，對於先生便每每妄生揣測，就如這次的糾紛吧，我在未讀到那篇萬言書之前，實在沒有摩觸到先生的真意。讀了之後才明白了先生實在是位寬宏大量的人，是『決不日夜記著個人恩怨』的。[11]」

在「兩個口號」的論爭中，郭沫若和魯迅不僅沒有像過去那樣因觀點不同而導致態度上的對立，反而在充分理解對方的基礎上相

---

[10] 《且介亭雜文・答徐懋庸及關於抗日民族統一戰線問題》。
[11] 《郭沫若全集》（文學編）第16卷，第248頁。

互同情，相互支持。一九三六年十月一日，他們的名字又同時簽署在《文藝界同人為團結禦侮與言論自由宣言》上。

　　就在郭沫若與魯迅的關係即將掀開新的一頁時，魯迅去世了。魯迅的死，是中國文藝界的重大損失，也是中華民族的重大損失。十一月三日，中國留學生和文化團體在東京日華學會舉行追悼大會，到會的中日兩國人士有七百多人。郭沫若題寫了輓聯：

　　　　方懸四月疊墜雙星東亞西歐同隕淚
　　　　欽頌二心憾無一面南天北地遍招魂

　　會上，郭沫若還發表了演說。在演說的最後，他提高了嗓門，用朗誦的聲調喊道：「嗚呼魯迅，魯迅魯迅，魯迅之前，既無魯迅，魯迅之後，無數魯迅，嗚呼魯迅，魯迅魯迅！」

第六章　在抗日的洪波中

　　「九一八」事變以後，日本加快了法西斯化的進程。一九三六年，日本兩派法西斯軍人爭權奪利，陸軍一批皇道派青年軍官發動「二二六事件」，搞武裝政變。政變被鎮壓後，憲兵居然把郭沫若也抓去訊問。生活在這樣一個連監獄都不如的國家，哪有個人的自由可言。一九三六年三月，廣田弘毅內閣成立，開始確立軍部法西斯獨裁統治，對外奉行侵略政策。在戰爭陰雲的籠罩下，扶桑到處彌漫著肅殺之氣，街頭常可看見日本婦女拿著布匹和針線，請求過路的人每人縫上一針，然後把這所謂「千人針」縫就的布送到軍部，作為前線士兵避彈的護身符。自然，這東西免除不了她們的丈夫或兒子當炮灰的命運。車站上擠滿了出征的士兵，還有些歡送的中小學生，手裡拿著太陽旗，標語上寫著「歡送皇軍出征」，電影院則在放映描寫「東亞聖戰」的紀錄片。

　　一九三六年十一月中旬的一天，睽別多年的老朋友郁達夫突然出現在郭沫若面前。他是應日本各社團及學校之聘來日作學術演講的，同時還擔負為福建省政府「採購印刷機」的任務。據某些資料

表明，郁達夫此次日本之行還有一項祕密使命：轉致國民政府要郭
沫若回國之意。郁達夫夫人王映霞在《半生雜憶》中說：「一九三
六年的冬日，南京政府侍從室打了一個電報給福州的陳主席。電文
大意是：叫郁達夫到日本去一次，去到東京和郭沫若談談，要叫郭
沫若回國來，可以取消對郭的通緝令（原來是通緝郭沫若十年），
同時交給郁達夫治裝費數佰元。[1]」原來，郭沫若在古文字學方面
的成就曾引起日本政界的一名元老人物西園寺公望的稱讚，日本報
紙把它作為一條新聞登了出來，中國報紙也添油加醋地加以轉載，
引起了國民黨裡的親日派張群、何應欽的注意。他們想利用郭沫若
與西園寺公望的關係，與日本政界上層套關係，便鼓動蔣介石取消
通緝令。於是有了郁達夫的日本之行。

　　自從一九二七年一月郁達夫在《洪水》半月刊發表〈廣州事
情〉，受到郭沫若和成仿吾等人的批評，最終導致郁達夫在當年八
月登載啟事脫離創造社，這次是兩個老朋友近十年後第一次見面。
郁達夫邀請郭沫若及兩個兒子同去神田的中國餐館吃飯，並買了一
條駝絨圍巾送給郭沫若禦寒。此舉殊令郭沫若感激，使他「想到了
古人解衣推食之舉[2]」。

---

[1]　郭文友《千秋飲恨——郁達夫年譜長編》，第1402頁，四川人民出版社，
　　1996年10月第1版。
[2]　《達夫的來訪》，《郭沫若全集》（文學編）第13卷，第410頁。

一個多月中，郭沫若和郁達夫多次見面，既有出席各團體歡迎會的公眾場合，也有兩人並肩在偏僻的路徑上長談的機會。由於郭沫若是日本警方監視居住的人，所以他回國的計畫必須機密周詳，稍有不慎，就可能有性命之虞。但是，郁達夫帶來的消息的確令郭沫若激動，在一次宴會上，郭沫若題寫了好幾張斗方，其中題給郁達夫的是一首七絕：

　　十年前事今猶昨，攜手相期赴首陽。

　　此夕重逢如夢寐，那堪國破又家亡。

郁達夫回國半年後，一九三七年五月，從福州同一天給他寄來兩封信，一封航空，一封平郵。信中說：「南京蔣氏有意招兄回國，我已先去說過，第一，要他們辦好取消通緝令手續，第二，匯大批旅費去。此事當能在十日內辦妥。」「強鄰壓迫不已，國命危在旦夕，大團結以禦外侮，當係目下之天經地義，想兄不必致嫌我之多事也。[3]」可是，又過去了一個多月，「取消通緝」和「匯足路費」仍無下文。盧溝橋事變之後，眼看抗日烽火已經燃遍了長城內外，值此國家用人之際，自己卻被困在敵國，如籠鳥孤雁一般，郭沫若的內心焦慮如焚。隨著戰事日益加劇，憲兵、刑士對郭沫若

---

[3]　《郁達夫文集》第9卷，第468、469頁，花城出版社，1984年1月第1版。

的監視更加嚴密了，他們常常無端找上門來，胡攪蠻纏一氣。有一天，一個刑士來問郭沫若：「這幾天蔣介石大概是很苦吧？」郭沫若故意反面回答：「大概是吧。我這幾天很糊塗，反正這些事和我漠不相關。我向來是反對他，才跑到此地來的。現在就讓他去吃些苦頭吧！」

郭沫若決定克服一切困難，儘快回國。在他的學生金祖同等人的幫助下，他預定了來往於溫哥華和馬尼拉之間的加拿大郵輪的船票，準備從神戶登船，前往上海。為了避免日本憲兵員警的阻撓甚至迫害，準備工作只能祕密進行，哪怕是在安娜和孩子們面前也不能走漏風聲。但是，生離死別，難道就這樣忍心拋下患難與共的妻子兒女，悄然回國？郭沫若猶豫再三。在行期的安排上，他跳過了十六日、十八日、二十日、二十二日，而選擇了最後的一班船，即二十四號從橫濱起錨的「日本皇后號」，這樣就可以和孩子們在一起多待幾天。七月二十四日，他在答覆金祖同的信中，用賦詩夾隱語的方式寫道：「二十四傳花信，有鳥志喬遷。緩急勞斟酌，安危費周旋。托身期泰岱，翹首望堯天。此意輕鷹鶚，群雛遽可憐。」

按照事先的安排，郭沫若必須在二十五日趕到神戶登船。二十四日晚上，郭沫若向安娜暗示自己要走。安娜明白了他的意思，只是沒想到分別在即。她告誡道：「走是可以的，只是你的性格不定，最足擔心。只要你是認真地在做人，我這裡即使有點麻煩，也只好忍受了。」聽著妻子的肺腑之言，郭沫若不由得問心有愧。在

共同走過的二十多年人生旅途中，他不僅沒有給安娜帶來什麼物質
上的幸福，反而由於生性浪漫、感情易於游移，給她增添了不少的
麻煩和拖累。郭沫若暗暗立定大戒：從此不吃酒，不吸菸，不接近
一切的逸樂紛華，遵守受戒僧的清規。

　　七月二十五日淩晨四點半，郭沫若披衣起床，到書房為安娜和
孩子們寫了留白，就連六歲的鴻兒，也用日文「片假名」寫了一張
紙，希望他無病無災，健康成長。此外，還給鄰居和員警們也寫了
留白，希望他們不要與安娜和孩子們為難。來到寢室，安娜已醒，
靠在枕上看書；孩子們都在安詳的睡夢之中。郭沫若忍不住掀開蚊
帳，在安娜額上親吻了一下。安娜似乎沒有覺察到訣別之意，眼睛
並未離開書頁。

　　郭沫若腳躧木屐，身著和服，走出房門。庭院裡，梔子花靜靜
地散著甜香，金魚在小池子裡浮游。郭沫若在心底裡向這些陪伴數
年的老朋友逐一道別，在夏日清晨的涼爽中走向電車站。五點半，
電車到了東京，郭沫若又改乘汽車趕往橫濱。在朋友錢瘦鐵家，脫
下和服和木屐，借了一套西服和一雙皮鞋，在錢瘦鐵和金祖同的陪
伴下，坐上了開往神戶的火車。下午五時，登上了加拿大的「日本
皇后號」郵輪的頭等艙。

　　這一年，按虛歲算，郭沫若的長子郭和夫二十歲，次子郭博生
十八歲，三子郭佛生十五歲，女兒郭淑瑀十三歲，幼子郭志鴻年方
六歲。

　　二十多年來，郭沫若在上海與神戶之間往返過多次，乘坐頭等
艙卻是頭一回，頓時有「身入天堂」之感。但立刻又掛念起家中的
兒女，「此時怕已墮入地獄吧？」「假使在這樣舒服的地方，得和
妻兒們同路，豈不是也使他們不致枉此一生？」他記起了昨天寫的
一首七律：

　　　　又當投筆請纓時，別婦拋雛斷藕絲。
　　　　去國十年餘淚血，登舟三宿見旌旗。
　　　　欣將殘骨埋諸夏，哭吐精誠賦此詩。
　　　　四萬萬人齊蹈厲，同心同德一戎衣。

這是他預想回到上海的情景而寫的，步魯迅〈慣於長夜過春時〉原
韻。這是郭沫若和著血淚吐出的詩，標誌著他個人生命史上一個新
階段的開端。

　　三天之後，七月二十七日下午，郵輪停靠在上海碼頭。還是
熙來攘往的人群，還是揮動皮鞭的巡警。登舟三宿之後，他所預
想的旌旗並未出現。上海，仍以十年前的舊貌迎接著毀家紓難的郭
沫若。

　　郭沫若祕密回國，成了上海灘的重要新聞。幾天的工夫，那首
「又當投筆請纓時」就傳開了，朋友們還寫了和詩，登在報刊上。
郁達夫專程從福州趕來迎接，鄭伯奇、沈尹默、李初梨、夏衍等老

朋友也都會面了。南京政府也終於實踐諾言，在七月三十一日撤銷了十年前的通緝令。八月二日，中國文藝協會上海分會和上海文藝界救亡協會專門舉行了歡迎宴會。

八月十三日，日本侵略軍悍然進攻上海，中國駐軍奮起反抗，將全民抗戰推入了一個新的階段。根據中國共產黨的指示，郭沫若、夏衍、阿英以救亡協會的名義創辦了《救亡日報》，郭沫若任社長，夏衍和阿英分別擔任主筆和主編。

郭沫若還親自到前線慰問勞軍。在戰火紛飛的日子裡，郭沫若不顧個人安危，奔走於上海、蘇州、嘉定、南京等地，他真切地感受到了中國軍民高昂的鬥志。一些北伐時代國民革命軍的同僚，如今也槍口對外，打擊日寇，郭沫若又與他們建立了良好的關係。在與四川旅滬同鄉會救護隊及文藝界戰地服務團同赴寶山羅店前線勞軍時，郭沫若由於耳朵不好，又身穿白色襯衣，很容易在敵機轟炸時暴露目標。同伴們勸他不要上前線，郭沫若卻找了一件童子軍的米黃色衣服往身上一裹，又向前衝去。在兩個月的淞滬抗戰中，郭沫若看到了中華民族潛在的偉力，「這次抗戰的結果把我們的民族精神振作了起來，把罩在我們民族頭上的陳陳相因的恥辱、悲愁、焦躁、憤懣，一掃而空了」，他自己也感到「額上的皺紋、眉間的鬱浪，也應該是隨著這民族覺醒的機運而消逝了的[4]」。

---

[4]　《在轟炸中來去》，《郭沫若全集》（文學編）第13卷，第472頁。

　　九月下旬，郭沫若還得到了蔣介石的一次接見。在一旁陪同接
見的是陳布雷，身穿深灰色袍子的蔣介石態度顯得格外的和藹。言
談間，郭沫若感到他是有決心要抗戰的。蔣介石問了問郭沫若古文
字研究的情況，又希望他能推薦勝任宣傳工作的人才，最後希望他
留在南京，多做些文章，並有要許以高官的樣子。

　　這是一次禮節性的會見，但也有實際效用。會見的消息見了
報，郭沫若自己也寫了〈蔣委員長會見記〉，大家都知道了郭沫若
是委員長器重的人，這下，擔任上海市教育局局長的潘公展之流
就不敢來找救亡協會的麻煩了。朋友們都說，這是郭沫若的一次
勝利。

　　在繁忙的工作之餘，郭沫若又陷入了一次新的愛情漩渦之中。
松滬抗戰爆發後，上海市民和社會團體組織了許多救濟所，給那些
在戰亂中流離失所的同胞提供一個暫時的棲身之所。在國際救濟會
第一收容所裡，郭沫若遇見了在此工作的于立群。于立群的姐姐于
立忱，原是《大公報》駐日本記者，與郭沫若有過特殊的感情。一
九三七年初，于立忱回國，沒想到竟於五月間自縊身亡，留下的絕
命書中說：「如此國家，如此社會，如此自身，無能為力矣。」
對於于立忱的死，郭沫若悲痛欲絕。回到中國的第四天，即前往
弔唁。

　　初次相見的于立群，剛剛年滿二十一歲，紮兩條小辮子，一身
藍布衫，給郭沫若的印象是「鳳眼明貞素，深衣色尚藍。人前恒默

默，含義若深潭。」「僅僅二十來往歲，在戲劇電影界已經能夠自立的人，對一般時髦的氣息，卻絲毫也沒有感染著。[5]」于立群出身於北京一個官宦家庭，七歲時，她母親不堪丈夫的虐待，帶著她逃回了娘家。她十三歲到上海，經過一番磨難當上了演員，曾經拍過電影，小有名氣後甚至當上了主角。但是因為抗戰爆發，電影停拍了。郭沫若與于立群相識後的一段時間裡，他們曾多次上前線慰問抗日軍隊。在炮火中出生入死的經歷，加深了他們的感情。

　　一九三七年十一月，上海華埠淪陷，郭沫若和一批文化人撤往香港。這時，郭沫若面前有兩條路，一條是到南洋去，向華僑募捐支援抗戰；另一條是北上前往西北。究竟何去何從，他心裡一直矛盾著。

　　一天，他在街上遇見了于立群和一些朋友們，便一同乘船前往廣州。到了廣州，郭沫若著手恢復《救亡日報》。事成之後，他仍然想著南下，並計畫將全家人從日本接到南洋。不料，一封從武漢發來的電報將郭沫若召到了武漢，改變了郭沫若此後的人生道路。電報是軍事委員會政治部主任陳誠打來的，稱「有要事奉商，望即命駕。」于立群獲悉郭沫若要去武漢，特別高興，因為她的計畫是轉道武漢前往陝北，這下路上可有伴了。為了行動方便，她索性將行李也搬到了郭沫若下榻的新亞酒樓。

5　《洪波曲》，《郭沫若全集》（文學編）第14卷，第12頁。

　　于立群生性文雅、嫻靜，成天待在房間裡讀書寫字。郭沫若也陪著她練字，連《救亡日報》的事都顧不上了。幾天後，連朋友們也看出了內中的機關。

　　一九三八年一月的一個晚上，郭沫若和于立群同乘火車去武漢，許多朋友都來送行。夏衍握著于立群的手，半開玩笑半認真地說：「到了陝北，不要和別人『拍拖』呀！」夏衍的話引起了一片笑聲。郭沫若心裡也明白，他在精神上已經把于立群緊緊地「拍拖」住了。

　　此時，安娜和孩子們正淪入煉獄般的生活之中。郭沫若走後，安娜便被警方拘禁月餘，飽受鞭撻之苦，年已二十的長子郭和夫亦未能倖免。日本員警還來抄了家，郭沫若的文稿也被抄走了。郭沫若回國後曾給中國駐日本大使許世英去信，希望能設法營救，讓他們闔家回到中國。但日本軍部藉口安娜並未脫離日籍，且有間諜之嫌，不准自由離去。一些帶有軍國主義狂熱情緒的日本人也公然侮辱安娜，說她是「野狗」。安娜索性慨然承認：「我就是『野狗』，我就是熱愛中國，又怎樣呢？」她嚴詞拒絕了要她幾個孩子都加入日本國籍的要求，她相信，有朝一日，她能帶著兒女們回到丈夫身邊，他們全家定會有團圓的一天。

　　安娜忍辱負重，又一次獨自挑起了全家生活的重擔。她販賣過衣服，兜售過水產，還租過幾畝地，種稻種菜，甚至在農忙時給人家打短工。有時候，她清早出門，跑五十里山路，到山村採購柿

子、石蒜、山楂、大豆，背著提著到鎮上去賣。冬天，她還醃蘿蔔乾賣，因為雙手天天浸在冰冷的鹽水裡，手背凍得腫裂開。酷暑天，她又到附近的一家糨糊廠做工，在悶熱的廠房裡熬好糨糊，然後還要把糨糊裝上車，廠主在車上蹬著，她在後面推，一直送到批發站。就連剛上小學六年級的志鴻，也擔負起了生活的重擔，曾獨自一人去千葉採購花生，結果被員警抓住。

面對全家人的生存危機，安娜以堅韌的意志掙扎、奮鬥。她不僅要讓孩子們有飯吃，還要讓他們都受到良好的教育。在艱難的歲月裡，她一步一步地實現自己的計畫。在最困苦的幾年中，長子和夫從京都大學化學系畢業後，又考了研究院；次子博生從京都大學建築系畢業，三子佛生考入東京水產講習所，女兒淑瑀考進東京女子大學數學系，幼子志鴻也上了中學。

由於郭沫若曾為東京的岩波書店撰稿，他的一些手稿還保存在那裡。老闆岩波茂雄得知安娜一家生活困難，多次贈款相助。岩波書店設有岩波獎學金，除日本學生外，中國籍學生也可以爭取。和夫、博生進京都大學時，都曾得到每月六十元的獎學金，從而得以順利完成學業。

郭沫若與于立群同時抵達武漢。國民政府軍事委員會新近成立了政治部，由陳誠任部長，周恩來和第三黨領導人黃琪翔任副部長。下設四個廳：主管文化宣傳工作的第三廳廳長人選為郭沫若。這就是陳誠電報中的所謂「要事」。郭沫若卻不願就任，理由有兩

條：一是不願做官，他的想法是：「在朝也是抗戰，在野也是抗
戰，何必當這個第三廳廳長。」二是不願與共事的官僚們打交道。
北伐時，郭沫若是總政治部副主任，陳誠那時只是區區團長，現在
竟然要當頂頭上司，自尊心通不過。此外，第一廳廳長賀衷寒和第
二廳廳長康澤都是特務組織「藍衣社」、「復興社」的「十三太
保」。更有甚者，陳誠還企圖說服郭沫若接受復興社頭子劉建群擔
任第三廳副廳長，更是明擺著要監視、架空郭沫若。政治部成立兩
個月後，郭沫若參加了一次由陳誠主持的部務會議，竟然沒有通知
政治部副主任周恩來參加。會上宣讀的宣傳大綱，第一頁就強調要
宣傳「一個政府，一個政黨，一個領袖」，與全民抗戰背道而馳。
郭沫若氣不打一處來，當晚就乘火車去了長沙，打算到田漢主辦的
《抗戰日報》助一臂之力。

　　但是，在當時的形勢下，第三廳是一個政府機構，如果能將它
掌握在共產黨人和左派力量的手中，對於抗日統一戰線內部的鬥爭
十分有利。因而，周恩來力主郭沫若接受第三廳廳長的職務。他誠
懇地勸道：老實說，有你作第三廳廳長，我才可考慮接受他們的副
部長，不然就是毫無意義的；我們到第三廳去，不是去做官，而是
去工作，去鬥爭，要有很高的策略思想。周恩來同意郭沫若先到長
沙去散散心，但希望需要時能及時回到武漢。

　　在長沙，郭沫若雖然受到了朋友們的熱情接待，但心裡總處於
一種左右受牽制的狀態。到南洋去，固然可以擺脫眼下當官與否的

糾纏；可是南洋那地方人生地不熟，去了之後真的能闖開一番天地嗎？到長沙後，總覺得有一條無形的線將他與武漢連接在一起。于立群三天兩頭有信來，報告朋友們的消息，並要他切勿急於赴南洋。離開了于立群，郭沫若覺得精神上又多了一層苦悶。

　　二十天後，善解人意、體貼周到的周恩來派于立群攜親筆信趕往長沙，督促郭沫若立即返回武漢，接受第三廳廳長之職。

　　田漢看著郭沫若面對于立群躊躇不定的樣子，風趣地說：「這還有什麼值得考慮的呢？我不入地獄，誰入地獄！朋友們都在地獄門口等著，難道你一個人還要留在天堂裡嗎？」，「好吧」，郭沫若下定了決心，「我們就去受罪吧」。田漢大笑，對于立群說：「不辱使命！畢竟還是女性的力量大，愛情的力量大啊！」

　　一九三八年四月一日，國民政府軍事委員會政治部第三廳在武昌城內的曇華林正式宣佈成立了。廳長郭沫若。經過鬥爭，驅逐了劉建群，副廳長由郭沫若東京一高時的同學、無黨派人士范壽康擔任。三廳下設三個處，第五處（按一、二、三廳的總次第）掌管動員工作，處長胡愈之；第六處掌管藝術宣傳，處長田漢；第七處掌管對外宣傳，處長原定郁達夫，因他還在福州，來不及赴任，便由范壽康兼任。一大批文化界著名人士如張志讓、洪深、徐悲鴻、董維健、馮乃超、于伶、宋之的、杜國庠、郁達夫、光未然、胡蘭畦、史東山、應雲衛、馬彥祥、冼星海、張曙就任第三廳各科科長或設計委員。一時間，群賢畢至，第三廳被人稱作名流內閣。名單

報到蔣介石處，他也很高興，畢竟是給國民政府臉上貼金的事。

　　第三廳成立之初的一段時間，相繼開展了「抗戰擴大宣傳週」、「抗戰一周年紀念」等活動，還組織了十個抗敵演劇隊、四個抗敵宣傳隊和孩子劇團，購置大量藥品和醫療器材支援各戰區，建立全國慰勞總會，開展對日宣傳和國際宣傳……各項工作轟轟烈烈，政治部的名聲因第三廳而越來越響亮了。

　　與此同時，郭沫若與于立群的愛情也有了實質性的進展。于立群取消了去西北的打算，他們搬進了珞珈山武漢大學的一幢寬敞的教授樓內。這裡依山傍水，山上有蔥蘢的林木，山下有浩淼的東湖，湖水清澈，山氣涼爽。在樓上可以望見湖山的月樓；下一個坡，可到細沙平鋪的湖岸；上一個坡，又可登上珞珈山頂。郭沫若和于立群在東湖游過水，划過船，在湖岸上的菜館裡吃過鮮魚。要是沒有附近的防空洞和高射炮陣地，直讓人疑心這裡是世外桃源。

　　三廳成立不到一個月，不愉快的事情已接二連三出現。先是報上去的經費預算遲遲得不到批復，其次是政治部組織了一個審查委員會，規定一切對外文件須經該委員會審核才能印發，緊接著康澤又以假警報解散了「擴大宣傳週」的大遊行。尤其是三廳成立後兩個月，第一廳廳長賀衷寒升遷為政治部祕書長，郭沫若的自尊心又一次受到了傷害，他不能對賀衷寒稱「職」，又想不幹了。他對周恩來提出要辭職，周恩來聽後略帶慍色地問：「那麼怎麼辦

呢？……為了革命工作，一切都須得忍受！我們（中國共產黨）受的委屈，比這大得多呢！」

一九三八年夏秋之交，武漢局勢緊張。「保衛大武漢」的口號早已不喊了，軍政機關大部分都已遷往重慶，政治部各廳也往長沙和衡陽疏散。郭沫若和胡愈之是走得最晚的。十月二十四日晚上，遠處傳來悶雷般的炮聲，郭沫若才登上撤往沙市的船隻。從一九三八年十月到十二月底，兩個月的時間，郭沫若隨第三廳輾轉於沙市、長沙、衡陽、桂林等地。他親眼目睹，在日寇的追擊面前，中國軍隊頑強抵抗、戰鬥到流盡最後一滴血者固然甚眾，但也有人盲目效法一百多年前俄國元帥庫圖佐夫火燒莫斯科以阻擋拿破崙進攻的做法，把文化古城長沙當作了「焦土抗戰」政策的實驗品，一把大火燒毀了千千萬萬無辜平民的家園，把他們逼上了流離失所的絕境，卻未能擋住日寇的進攻。南嶽衡山，猛將如雲，謀臣如雨，在這裡召開高級將領政工會議的蔣介石卻提出「宣傳重於作戰，政治重於軍事」的口號，把抗擊侵略者的任務放到了第二位，透露出消極抗戰的資訊。在桂林，《救亡日報》急需復刊，政治部僅同意每月津貼二百元；還是靠著夏衍到香港籌款，才能保證元旦復刊。種種跡象表明，全民抗戰的氣候正在逆轉，抗戰初期人民得到的些許自由將被收回，進步文化界的活動已經受到限制。郭沫若，這面在抗日洪波中樹立的旗幟也將在更加嚴峻的鬥爭中經受考驗。

第七章　灌漑現實的蟠桃

　　一九三九年元旦前四天，郭沫若攜于立群乘坐飛機離開桂林，前往重慶。二十五年前，為了見識廣闊的天地，呼吸自由新鮮的空氣，郭沫若獨自一人走出夔門；二十五年後，命運又將他帶回夔門之內濃霧深鎖的重慶。

　　近鄉情更迫。一九三九年二月下旬，郭沫若告假，回樂山省親。從二十一歲離別故鄉後，四十七歲才第一次歸省。當年將他送到江邊，勸阻他不要往外洋去的母親，已於七年前逝世；在自己人生重要關頭給過指點的大哥也於五年前病故。八十六歲高齡的父親臥病在床，只有四姐和郭沫若原配夫人張瓊華侍奉左右。郭沫若覺得自己是一個不孝的人。當病榻上的老人聽明白是「八兒」回來了，頓時老淚縱橫；郭沫若也跪在父親面前，潸然淚下。三月九日是老人壽辰，郭沫若打算給父親祝壽，但深明大義的郭朝沛老人卻以為國難當頭，不宜鋪張，沒有同意。

　　家裡人告訴郭沫若，母親臨終時留下遺言：「他日八兒歸來，必善視吾張氏媳，勿令失所。」二十六年前，郭沫若結婚僅五天便

一去不回。自小接受封建道德禮教薰炙的張瓊華固無反抗舊式婚姻的勇氣，卻年復一年獨自面對慘澹的人生，忍受獨守空閨的寂寞，孝敬公婆。郭沫若幼年時代讀過的書、用過的文具她都一件件地保存著，郭沫若留學時代從日本寄回的家書，也都一封封地珍藏著。郭沫若懷著感激之情，當著父親的面，對張瓊華一躬到底。他還特意為張瓊華書寫了兩首詩，在短跋裡加上「書付瓊華」的字樣，還打趣地說：「你如果往後沒錢用，可以拿去賣幾十個大洋。」張瓊華一直珍藏著這兩張斗方。夫妻一場，這是郭沫若給她留下的僅有的紀念。

　　四個月後，郭朝沛老人病逝。郭沫若立即攜于立群和剛剛出生三個月的郭漢英於七月十一日回家奔喪。由於郭沫若聲名顯赫，國共兩黨的要人們都紛紛發來唁電、唁函，輓聯奠幛掛滿郭家廳堂，郭朝沛老人盡享哀榮。蔣介石的題詞是：「德音孔昭」；毛澤東、陳紹禹、秦邦憲、吳玉章、林伯渠、董必武、葉劍英、鄧穎超等八人合送的輓聯是：

　　　先生為有道後身　衡門潛隱　克享遐齡　明德通玄超往古
　　　哲嗣乃文壇宗匠　戎幕奮飛　共驅日寇　豐功勒石勵來茲

　　按照傳統的守喪之禮，靈柩要停到十一月才能安葬。但三廳的工作無法離開太久，郭沫若便於九月初返回重慶，留下于立群母子

暫住沙灣。張瓊華將自己的臥室騰出來，給于立群母子居住，還盡
一切可能在生活上給予照顧。居喪期間本應忌食葷腥，但于立群正
在哺乳期間，需要營養。張瓊華便託人買來活雞鮮魚，另起爐灶，
親自炊爨。抱著小漢英，張瓊華那從未體驗過的母性似乎萌芽了，
她指著小自己十六歲的于立群對懷中的嬰兒說：「你爹爹給我帶回
了一個小媳婦。」逗得屋裡的人都笑了。

　　從一九三八年到一九四〇年，國民黨對第三廳實施「容共政
策」，先後三次強迫三廳全體人員加入國民黨，一次比一次進逼。
一九三九年十月，國民黨內部頒佈《共黨問題處理辦法》，規定
「共產黨人在各地一般公私機關團體服務者，一經察覺，即以非法
活動治罪[1]」。一九四〇年八月，蔣介石親自下手諭：「凡在軍事
委員會各單位中的工作人員一律均應加入國民黨」，「凡不加入國
民黨者，一律退出三廳。[2]」他們策劃將郭沫若提升為部務委員，
另派國民黨人士接替三廳廳長職務。但是，蔣介石的政策遭到了三
廳內的共產黨員和占絕大多數的進步文化界人士的抵制，大家寧肯
被開除，寧肯失業，也不加入國民黨。這時，政治部主任已經換成
了張治中。周恩來對他說，三廳這些人都是在社會上有名望的無黨
無派的文化人，他們是為抗戰而來的，你們不要，我們要。我們準

[1]　陽翰笙，《第三廳——國統區抗日民族統一戰線的一個戰鬥堡壘(五)》，
　　《新文學史料》1981年第4期。
[2]　陽翰笙，《第三廳——國統區抗日民族統一戰線的一個戰鬥堡壘(五)》，
　　《新文學史料》1981年第4期。

備請他們到延安去。這一下，蔣介石才又慌了手腳，未幾又召見郭沫若、杜國庠、馮乃超、田漢、陽翰笙等三廳的主要負責人，宣布另外成立一個文化工作委員會，仍設在政治部內，還由郭沫若主持，只是不再具有政府部門的職能，而只是「對文化工作進行研究」。中共從統一戰線的大局考慮，認為只要掛個招牌就有好處，就可以有理、有利、有節地展開工作和鬥爭。

　　皖南事變之後，國統區的政治氣壓空前低沉。中共中央南方局一方面從重慶疏散了一部分文化人士前往桂林、香港和延安等地，以保護進步力量；另一方面，改變鬥爭策略，在合法範圍內展開活動，衝破政治上的高壓和文化上的法西斯統治。從一九四一年十一月開始的慶祝郭沫若五十壽辰和創作二十五周年紀念活動，就是一場由中共中央南方局書記周恩來具體策劃和領導的一場政治鬥爭。按照周恩來的布置，專門成立了一個由文藝界、新聞界、民主黨派和無黨派民主人士參加的籌備委員會，還以中共中央南方局的名義通知成都、昆明、桂林、延安、香港等地的黨組織，說明這次活動的意義、內容和方式，希望相互呼應，密切配合。開始時，郭沫若還表示謙讓，但一經周恩來說明，便認可了。因為這種祝壽活動，其意義已經遠遠超出了個人的範圍。

　　十一月十六日，重慶《新華日報》發表周恩來的署名文章〈我要說的話〉，第一次以中共領導人的身分將郭沫若與魯迅並列並進行了比較：

　　魯迅自稱是革命軍馬前卒，郭沫若就是革命隊伍中人。魯
迅是新文化運動的導師，郭沫若便是新文化運動的主將。
魯迅如果是將沒有路的路開闢出來的先鋒，郭沫若便是帶
著大家一道前進的嚮導。魯迅先生已不在世了，他的遺範
尚存，我們會愈感受到在新文化戰線上，郭先生帶著我們
一道奮鬥的親切，而且我們也永遠祝福他帶著我們奮鬥到
底的。[3]

周恩來總結了郭沫若的三個特點：豐富的革命熱情、深遠的研究
精神和勇敢的戰鬥生活，「郭先生是革命的詩人，同時，郭又是
革命的戰士」，「今日革命文化的班頭」。這實際上是明確宣布，
郭沫若是由中國共產黨在文化陣營樹立的一面旗幟。郭沫若此後也
逐漸產生了一種心理定勢：只要聽到中共的召喚，便立即奮起。或
者，這就是「士為知己者死」的精神的現代翻版吧。郭沫若認為：
「殺身成仁，捨生取義，是千古不磨的金言。[4]」在重慶時期創作
的歷史劇中，他塑造了嚴仲子與聶嫈、聶政姐弟、屈原與嬋娟、信
陵君與如姬夫人、荊軻與高漸離等一系列成對的人物形象，前者捨
生取義的精神和赴湯蹈火的勇氣感召著後者，引起後者的仰慕和仿

[3]　《新文學史料》第二輯（1979年）。
[4]　《獻給現實的蟠桃》，《郭沫若全集》（文學編）第19卷，第342頁。

效，進而使後者做出獻身的壯舉，完成自己的人生使命。這無疑也比附著現實生活中郭沫若與中國共產黨人之間的關係。在現實鬥爭中，他逐漸堅定了信念，要跟隨共產黨，做出一番救國救民的事業來。

　　十一月十六日下午，在重慶的中蘇文化協會舉行紀念茶話會，參加者達兩千多人，會場內外掛滿了各界群眾、文化界人士和當局官員送來的壽聯、賀詩和立軸。晚上，郭沫若在住所天官府七號舉行壽宴，彼時高朋滿座，共計十桌。同一日，《華商報》、延安《解放日報》和香港《大公報》也發表了茅盾、周揚、潘梓年等的紀念文章。而《時事新報》、《新民晚報》則早於十一月十日和十五日就發表了宗白華、張友鸞的文章，開紀念活動之先聲。遠在南洋的星洲文化界壽郭委員會還於十一月二十日發起徵集文藝獎金，以「獎勵文藝，推動文化等事業[5]」。

　　此外，陽翰笙的歷史劇新作《天國春秋》和郭沫若的歷史劇《棠棣之花》也在紀念活動中上演。《天國春秋》借太平天國因內閧而失敗的歷史教訓對現實社會中的同室操戈、破壞抗戰的罪行進行了揭露。《棠棣之花》是郭沫若自五四時期起反覆加工、逐步擴充，最終於一九四一年底最後完成的五幕劇，寫的是戰國時期聶嫈、聶政姐弟不畏強暴、壯烈犧牲的故事，它借古諷今，呼籲「快

快團結一致，高舉起解放的大旗！」由於該劇契合了重慶觀眾的現實感受，短短兩個月內三度公演，創造了破紀錄的上座率，連演四、五十場，還滿足不了需求，以至於劇團不得不在報上刊登啟事，「敬告已看過三次者請勿再來」。

　　這次活動的成功，使進步文化界找到了一種有效的抗爭手段，以反抗政治上的強權統治。從翌年起，重慶文化界相繼舉行了洪深五十壽誕、沈鈞儒七十壽誕、張靜廬從事出版二十五周年、老舍創作生活二十周年和茅盾五十壽誕並創作二十五周年等慶祝活動。其直接效果，莫不在顯示文藝界內部的團結與民主力量的壯大。一九四七年三月，在上海，由進步戲劇界倡議，又舉行了一次田漢五十壽誕及創作三十周年紀念活動。郭沫若、洪深及梅蘭芳等都出席了紀念大會，登臺講話。郭沫若還為《壽星紀念冊》作序，稱頌這位老友「肝膽照人，風聲樹世。威武不屈，貧賤難移。人民之所愛戴，魍魎之所畏葸。[6]」

　　但是，並不是每個文化人都懂得在特殊的政治環境下祝壽活動的特殊意義。一九四七年五月，從歐洲回國一年多的蕭乾在《大公報》上寫了一篇社評〈中國文藝往哪裡走？〉，批評「近來文壇上彼此稱公稱老，已染上不少腐化風氣，而人在中年，便大張壽筵，尤令人感到暮氣。蕭伯納去年九十大壽，生日那天猶為原子問題向

6　轉董健，《田漢傳》，第686頁，北京十月文藝出版社1996年2月第1版。

報館投函。中國文學革命一共剛二十八年，這現象的確可怕得令人毛骨悚然。紀念五四，我們應革除文壇上的元首主義，減少文壇上的社交應酬。[7]」這段文字及其引來的長達幾十年的文壇公案和人生悲歡，至今仍是眾說紛紜的熱門話題。

　　《棠棣之花》演出上的成功，激發了郭沫若的創作衝動，一些戲劇界的朋友也慫恿他再寫一部可以上演的劇本。一九四一年十二月，郭沫若開始構思用屈原的題材創作一部歷史劇。戲劇評論家黃芝岡在一九四二年元旦那一天的《新蜀報》上撰文說：「歷史劇今年才看出它將有重大的開展，誰也不敢有此妄想，說今年中國劇壇真會有哈姆雷特、奧賽羅之類的形象出現（但願我以此期待未完成的《屈原》）。[8]」以戲劇史上的不朽名作來期待今人的未完成之作，與其說是鼓勵，不如說是壓力。從一月二日到十一日夜半，十天的工夫，五幕歷史劇《屈原》便告殺青。而就在這十天當中，郭沫若還照舊會客、演講、出席各種應酬，每天實際的寫作時間不到四小時。人們只能說，郭沫若青年時代出現郭的那種不可遏制的創作激情復活了。他在日記中寫道：「此數日來頭腦特別清明，亦無別種意外之障礙。提筆寫去，即不覺妙思泉湧，奔赴筆下。此種現象為歷來所未有。……今日所寫者為第五幕之全體，幕分兩場，著

---

[7]　丸山升《建國前夕文化界的一個斷面──〈從蕭乾看中國知識份子的選擇〉補遺》，《新文學史料》1993年第1期。

[8]　《新年談歷史劇》，《新蜀報》1942年1月1日，轉引自《郭沫若全集》（文學編）第6卷，第397頁。

想自亦驚奇，竟將嬋娟讓其死掉，實屬天開異想。嬋娟化為永遠之光明，永遠之月光，尤為初念所未及。……[9]」按照創作提綱，全劇擬分成上下兩部，要寫出屈原的一生。但完成的劇本，卻將屈原一生的悲劇集中到了一天。通過主人公與南后和張儀之間幾個回合的鬥爭，郭沫若將時代的憤怒復活到了屈原的時代。

《屈原》是一部雄渾的戲劇詩，它凝聚了郭沫若的才學、激情、史識和倫理理想，從某種意義上可以說是郭沫若人生經驗的總結。在第一幕，屈原有一大段讚美橘樹的話，可以看作是郭沫若的夫子自道：

> 它們一點也不矜持，一點也不怯懦，一點也不懈怠，而且一點也不遷就。是的，它們喜歡太陽，它們不怕霜雪。它們那碧綠的葉子，就跟翡翠一樣，太陽光愈強愈使它們高興，霜雪愈猛烈，它們也絲毫不現些兒怒容。時候到了，便開花，那花是多麼的香，多麼的潔白呀。時候到了，便結實，它們的果實是多麼的圓滿，多麼的富於色彩的變換呀。由青而黃，由黃而紅，而它們的內部——你看卻是這樣的有條理，又純粹而又清白呀。它們開了花，結了實，任隨你什麼人都可以吃，香味又是怎樣的適口而甜蜜呀。

---

[9] 《郭沫若全集》（文學編）第6卷，第401頁。

有人吃，它們並不叫苦，沒有人吃，它們也不怨恨，完全是一片大公無私。但你要說它們是萬事隨人意，絲毫也沒有骨梗之氣的嗎？那你是錯了。它們不是那樣的。你先看它們的周身，那周身不是都有刺的嗎？它們是不容許你任意侵犯的。

　　兩千多年前，屈原賦《橘頌》以明志自托；兩千多年後，郭沫若又以戲劇版的《橘頌》樹立了自己的人格楷模，堅定了自己的人生方向。

　　得知劇本已經完成，不少的報刊編輯紛紛上門求稿。但是郭沫若把它給了《中央日報》的副刊編輯孫伏園。有人擔心被扣壓或是腰斬，郭沫若卻認為，自己既然還有文化工作委員會主任的身分，是當局標榜民主的一個花瓶，在國民黨黨報上發表作品就沒人敢為難。這也為《屈原》的順利上演開了綠燈。在頭兩年剛剛公布的《取締劇本一覽表》上，郭沫若、陽翰笙、于伶、夏衍等人的一百六十多種劇本都被禁止上演和出版；而如今《中央日報》上發表的劇本要上演，當局就沒有理由去禁止了。但即便如此，國民黨中宣部副部長潘公展之流還是惱羞成怒，對孫伏園大發雷霆：「怎麼搞的！我們的報紙還要登載罵我們的東西？」他不僅下令撤換原擬發表的評論文章，還撤銷了孫伏園的副刊編輯之職。

　　一九四二年四月三日，由金山、白楊、張瑞芳組成的中華劇藝

社在重慶市中心的國泰大戲院公演了《屈原》。第二天，各報都作
了報導，稱「此劇集劇壇之精英」，「上座之佳，空前未有」。最
能引起觀眾共鳴的還是那段蔑視怪力亂神，詛咒邪惡勢力，控訴現
實世界的「雷電頌」。在上演期間，一些青年觀眾在散戲後每每學
著演員的聲調在街頭巷尾高喊：「炸裂呀，我的身體！炸裂呀，宇
宙！……把這包含著一切罪惡的黑暗燒毀了吧！」「你們滾下雲頭
來！……爆炸了吧！爆炸了吧！……」

　　《屈原》的雷電尚在重慶的上空震響，二月十一日，《虎符》
脫稿了，跟《屈原》一樣，也是用了十天的創作週期。過了三、四個
月，《高漸離》又問世了。從《棠棣之花》到《高漸離》，四部劇作
都取材於春秋戰國時期，這正是郭沫若史學研究的專攻領域。它們
的故事時間順序恰巧是春夏秋冬，它們的命運也日益多舛。前兩部好
歹都能通過公演，《虎符》就必須用當局審查過的本子，「趙國人
民」、「魏國人民」等都得改稱「國民」；「舞臺左翼」、「舞臺右
翼」也都得改成「左邊」、「右邊」。到了《高漸離》，乾脆就不予
通過審查了，因為裡邊有些臺詞太令某些人不舒服，如荊軻痛斥秦始
皇的話：「如今天下人都是和我通謀的！天下的人都願意除掉你這個
暴君，除掉你這個魔鬼，除掉你這個……」。一九四二年九月和一九
四三年三月，郭沫若又相繼完成了《孔雀膽》和《南冠草》。《孔雀
膽》寫的是元代雲南大理總管段功與梁王公主阿蓋的愛情故事，創作
速度最快，前後只用了五天時間，這也跟郭沫若對這段長時間保持濃

厚興趣和對女主角偏愛有關。《南冠草》寫的是明代末年愛國詩人夏完淳的故事，褒揚了主人公民族氣節和愛國精神。

　　在重慶時期，郭沫若不僅史劇創作獨步劇壇，而且史學研究也更加深入，更加系統，從原先的古文字研究和古代社會研究轉入古代思想研究，用新的史學觀點重新評價孔子、墨子、荀子、韓非子乃至秦王嬴政等歷史人物，以求對「古代社會的機構和它的轉變，以及轉變過程在意識形態上的反映[10]」有一個比較完整的輪廓，並多所創獲。在學術思想上，郭沫若不怕違眾，不怕孤立；但在學術爭鳴中，卻恪守平等原則，甚至與論敵友好相處，以求學術探索的深入。在屈原其人的真實性、儒墨兩家的歷史評價、中國古代史分期等問題上，郭沫若與侯外廬、杜國庠、翦伯贊等人觀點不盡相同，甚至相互牴牾，但這並未影響他們之間的友誼。侯外廬在研究中需要參考甲骨文、金文資料，戰時重慶無法找到，郭沫若便將所藏慷慨相借。翦伯贊《中國史綱》出版前夕，郭沫若還專門致信，表示祝賀。

　　郭沫若還嘗試把歷史研究和現實的政治鬥爭結合起來。一九四四年二月至三月間，為紀念李自成農民起義三百周年，他寫了長篇論文〈甲申三百年祭〉，總結這次起義的失敗教訓，提出了革命的階級和政黨不可被勝利沖昏頭腦這一重要的歷史經驗。〈甲申三百

---

[10]　《十批判書‧後記》，《郭沫若全集》（歷史編）第2卷，第487頁。

年祭〉在《新華日報》發表後，重慶《中央日報》指責它「鼓吹戰敗主義和亡國思想[11]」，延安《解放日報》則全文轉載，中共中央還把它列為整風文件之一，要求黨內高級幹部學習。毛澤東在一九四四年十一月寫給郭沫若的信中說：「小勝即驕傲，大勝更驕傲。一次又一次吃虧，如何避免此種毛病，實在值得注意。[12]」

　　郭沫若時刻站在共產黨一邊，處處與國民黨的一黨專政作對，招來了當局的嫉恨。一九四五年元旦，蔣介石發表廣播講話，許諾「一俟我們軍事形勢穩定、反攻基礎確立、最後勝利更有把握的時候」，就「召開國民大會」，「歸政於全國的國民」。但當中共兩次派周恩來與國民黨商討建立聯合政府的具體步驟時，國民黨卻食言而肥。在這種情形下，中國民主同盟和重慶婦女界先後發表時局宣言，主張立即結束一黨專政，建立聯合政府。二月二十二日，由郭沫若執筆、三百一十三人簽名的文化界〈對時局進言〉發表。〈進言〉聲色俱厲，氣勢逼人：

　　　　道窮則變，是目前普遍的呼聲，中國的時局無須我們危詞悚聽，更不容許我們再來巧言文飾了。

[11] 《糾正一種思想》，《中央日報》，1944年3月4日。
[12] 《致郭沫若》，《毛澤東書信選集》第241頁，人民出版社1983年12月第1版。

　　內部未能團結，政治貪墨成風，經濟日趨竭蹙，人民
尚待動員，軍事急期改進，文化教育受著重重扼制，每況
愈下，以至無力阻止敵寇的進侵，更無力配合盟軍的反
攻，在目前全世界戰略接近勝利的階段，而我們竟快要成
為新時代的落伍者。全國的人民都在焦慮，全世界的盟友
都在期待，我們處在萬目睽睽的局勢當中，無論如何是應
當改弦易轍的時候了。[13]

　　一紙進言，震怒了國民黨的統治核心，當蔣介石查清楚這次簽
名運動是由文工會發起的，立即下令解散文工會。花瓶終於打碎
了。離開了政治部這個官府，郭沫若開始主持中蘇文化協會的研究
委員會。但刁難還沒有結束。一九四五年六月，郭沫若接到參加蘇
聯科學院二百二十週年紀念大會的邀請，當局雖然批准，卻不批准
路費，還要郭沫若通過朋友向中央銀行商借。後來，郭沫若得到北
碚管理局局長盧子英撥來民生公司一萬美元，才得以如期成行。

　　一九四五年八月十五日，日本天皇下詔書投降。抗日戰爭勝利
了！全國上下一片歡騰。十六日，郭沫若離開莫斯科回國；二十八
日，他又在重慶機場迎來了前來參加國共和平談判的毛澤東、周恩
來、王若飛等中共領導人。此後一個半月內，毛澤東與郭沫若、翦

---

[13]　《新華日報》1945年2月22日；轉引自《新文學史料》，1984年第1期。

伯贊、鄧初民、周谷城等人有過多次聚會,幫助他們分析局勢。十
月十日,國共雙方終於簽定了「會談紀要」(即《雙十協定》)。
一九四六年一月十日,政治協商會議在重慶召開,國共會談達成協
議,雙方停止內戰,三十一日,政協會議通過了《和平建國綱領》
和改組國民黨政府的五項原則。

　　《雙十協定》即將簽署的時候,中共代表團祕書李少石就被國
民黨特務暗殺;一九四五年十二月一日,國民黨血腥鎮壓西南聯
大、雲南大學等校罷課的學生,釀成「一二‧一」慘案;一九四六
年二月十日,重慶各界慶祝政治協商會議成功的大會在較場口舉
行,大會總主席李公樸慘遭毒打,郭沫若也被毆致傷。這年的三
月,國民黨召開六屆二中全會,撕毀了政協關於憲法原則和成立聯
合政府的決議。針對上述現象,郭沫若寫下了〈進步贊〉一詩:

　　　誰能說咱們中國沒有進步呢?
　　　誰能說咱們中國進步得很慢?
　　　「一二‧九」已經進步成為「一二‧一」了。
　　　不信,你請看,請睜開眼睛看看。

　　　水龍已經進步成了機關槍,
　　　板刀已經進步成了手榴彈。
　　　超渡青年的笨拙的劊子手們,

已經進步成了機械化的好漢。

　　這年的五月八日，郭沫若舉家乘飛機遷往上海。在此後的一年半中，郭沫若繼續同共產黨人站在一道。六月六日，蔣介石下令停戰十五天，郭沫若作為第三方代表赴南京參加國共和談。國民黨堅持共產黨退出從日寇手中奪取的廣大地區，遭共產黨拒絕。七月十一日和十五日，李公樸、聞一多在昆明相繼被殺。十月四日上海各界舉行追悼會，郭沫若發表講話，並寫了〈祭李聞〉一文。

　　一九四七年十月，中國人民解放軍發表宣言，上海的政治空氣更加沉重，共產黨安排郭沫若一家前往香港。一九四八年初春，安娜偶然從報紙上看到了郭沫若的消息，得知丈夫還活著，此時正在香港。她連忙把這個喜訊告訴了身邊的孩子們。此前，和夫已經從研究生院畢業去了臺灣，在臺灣大學任教。安娜的妹妹陶彌麗（佐藤操）也在臺灣，她的丈夫陶晶孫是臺灣大學醫學院教授兼熱帶病研究所所長。安娜決定取道臺灣前往香港，尋找郭沫若，留下次子博生看家。

　　上船之前，有記者採訪。安娜頗有感慨地說：「戰爭爆發後，我一直被看作是『敵國的妻子』、『賣國賊』，我的生活是可想而知的。」記者問起安娜眼下的心情，安娜回答道：「經過柔腸寸斷的十一年之後能夠回到丈夫身邊，積憂似乎已經煙消雲散。」安娜在臺灣逗留了三個星期之後，便領著淑瑀和志鴻前往香港。

　　郭沫若此時住在九龍山林道的一幢小樓裡。萬里尋夫的安娜突然出現在眼前，令他又驚又喜。十一年過去，安娜老多了，在生活的折磨下，臉上平添了不少皺紋，滿頭的青絲也已經花白。安娜淚流滿面，許多話不知從何說起。她注意到，丈夫身邊還有一個陌生的女子，五個小孩子一字排開……安娜明白了，十一年前分手時她對丈夫的擔心應驗了，不公平的命運又把新的痛苦降臨到她的頭上。

　　過了幾天，老朋友馮乃超來找安娜懇切交談。在表同情於安娜的同時，指出造成眼前不幸的罪魁禍首乃是日本帝國主義發動的侵略戰爭。要是沒有戰爭，一家人就不會離散，就不會長時間不通音訊。他請求安娜作出高姿態，儘早結束眼前令人尷尬的局面。

　　安娜面臨著進退兩難的抉擇。終於，基督教的忍辱負重的精神又一次占了上風，她決定犧牲自己，成全郭沫若的新家庭，成全那五個未成年的孩子。主意拿定後，她應郭沫若的要求把淑瑀留下，自己帶著志鴻去了臺灣。一九四九年初，志鴻獨自去了香港，後來又到了北京。安娜則與和夫等一道輾轉到大連，在時任中共旅大區委副書記和大連大學校長的李一氓的幫助下，定居下來。此後她加入了中國籍，中國名字就叫郭安娜。

　　隨著中國共產黨的節節勝利，中華人民共和國成立在即。中共中央廣泛邀請各界人士北上，共商開國大事。一九四八年十一月二十三日，郭沫若與李濟深、沈鈞儒、馬敘倫等人乘坐海輪離開香港，取道大連、瀋陽，於一九四九年二月二十五日抵達北平。三十

五年前，他就是由這條路由南向北，走出國門，去接受民主與科學的新思潮，尋求救國救民的理想。三十五年後，他在這條路上由北向南。在由瀋陽開往北平的火車上，他激動地寫下了〈抵北平感懷〉：

　　多少人民血，換來此衿榮。
　　思之淚欲墮，歡笑不成聲。

　　郭沫若在緊接而來的繁忙的日子裡，出席軍管會討論接受故宮的會議，闡述文物保管使用的原則；他參加全國文學藝術工作者代表大會的籌備工作，被選為籌委會主任；與各人民團體代表協商出席世界擁護和平大會的問題，被選為中國代表團團長；出席新政治協商會議籌備會，被選為籌備會常務委員會副主任。在七月召開的中華全國文學藝術工作者代表大會上，當選為中華全國文學藝術界聯合會主席。他還參與起草了《中華人民共和國中國人民政治協商會議組織法》、《中華人民共和國中央人民政府組織法》、《中華人民共和國中國人民政治協商會議共同綱領》等帶有根本大法性質的文件。九月二十一日，中國人民政治協商會議隆重開幕，共產黨政協主席毛澤東莊嚴宣佈「占人類總數四分之一的中國人民從此站起來了。」九月三十日，在政協閉幕會上，他被選為政協全國委員會委員、中央人民政府委員。

第八章 「穆斯」的笑和淚

　　中華人民共和國成立後，郭沫若擔任過的重要職務有：政務院副總理兼文化教育委員會主任、中國人民保衛世界和平委員會主席、中華全國文學藝術界聯合會主席、中國科學院院長、全國人民代表大會常務委員會副委員長、中國人民政治協商會議全國委員會副主席、中國共產黨中央委員會委員，同時還兼任中國科學院哲學社會科學部主任、歷史研究所第一所所長、中國科學技術大學校長等職。成了中國大陸老、中、青三代知識份子的一面旗幟；在他所涉足的學術領域成了首屈一指的權威。

　　五十年代初，郭沫若的角色主要是一名國務活動家。一九四九年三月，郭沫若作為世界擁護和平大會中國代表團團長率團出訪布拉格，被選為大會主席團成員和常設委員會主席團副主席；一九五〇年八月，率代表團參加朝鮮民主主義人民共和國國慶慶典；十一月，率團赴華沙參加第二屆世界和平保衛大會；一九五一年二月，率團出席在柏林召開的世界和平理事會第一屆會議；四月，赴蘇聯出席加強國際和平史達林國際獎金委員會會議；十一月，率團前往

維也納出席世界和平理事會第二次會議；一九五二年三月，率團出席在奧斯陸舉行的世界和平理事會執行局會議；四月，在莫斯科克里姆林宮接受加強國際和平史達林獎金；七月，出席柏林世界和平理事會特別會議，任會議執行主席；十二月，與宋慶齡率代表團赴維也納參加世界人民和平大會，會後赴莫斯科參觀訪問二十餘日，其間，在一九五三年一月，受到史達林接見；一九五三年三月，史達林逝世，參加以周恩來為團長的中國代表團赴蘇弔唁，旋又往布拉格參加捷克斯洛伐克共產黨主席歌特瓦爾德的葬禮；五月和六月，赴斯德哥爾摩和布拉格出席世界和平理事會會議；一九五四年五月，赴柏林參加世界和平理事會特別會議；一九五五年四月，率團赴新德里出席亞洲國家會議；六月，赴赫爾辛基出席世界和平大會，當選為世界和平理事會副主席；十二月，率中國訪日科學代表團前往日本進行為期一個月的訪問。

此外，郭沫若還陪同毛澤東、劉少奇、周恩來等參加了大量的迎來送往的活動。至於出席中央政府的各類會議和慶典、做報告、發表講話，更是他的日常工作。在繁忙的排程中，他還經常詩興勃發，僅一九四九年十月至一九五二年十二月間創作並收入《新華頌》詩集的詩歌，就達二十二首（組）。

郭沫若步入了人生的巔峰期。這個巔峰，主要體現在政治上或曰象徵性上。郭沫若也在努力適應新的社會條件下當對他的新要求，戰勝新環境對自我的挑戰，從而漸漸失去了「自我」。他越來

越多地作為共產黨的領導成員、作為又紅又專的知識份子的代表、
作為時刻聽從領袖召喚、跟隨黨前進的榜樣出現在公眾面前。甚至
個人性很強的學術研究，也漸漸納入了官方代言人的軌道。在一般
人眼裡，郭沫若位重一時；而在真正「打天下、坐天下」的人看
來，郭沫若不過是一個文化人、一個陪襯而已。

　　這種感覺，在一九五一年批判電影《武訓傳》時就有了。武訓
是陶行知先生極力推崇的人物。受其影響，郭沫若在四十年代就對
武訓持肯定態度。一九五〇年八月，他曾為《武訓畫傳》題寫書名
並題詞：「在吮吸別人的血養肥自己的舊社會裡面，武訓的出現
是一個奇蹟。他以貧苦出身，知道教育的重要，靠著乞討，斂金興
學，捨己為人，是很難得的。[1]」可是，電影《武訓傳》上映後不
到半年，毛澤東就以《人民日報》社論的形式發表了〈應當重視電
影《武訓傳》的討論〉，指出：一些號稱學得了馬克思主義的共產
黨員，「他們學得了社會發展史——歷史唯物論，但是一遇到具體
的歷史事件，具體的歷史人物（如像武訓），具體的反歷史的思想
（如像電影《武訓傳》及其他關於武訓的著作），就喪失了批判的
能力，有些人則竟至向這種反動思想投降。[2]」嚴厲的詞句所批判
的對象也包括郭沫若在內——雖然他不是共產黨員，於是他立即寫

[1]　《郭沫若傳》，第406頁，第406頁，北京十月文藝出版社1988年2月第1版。
[2]　《毛澤東選集》第5卷，第47頁，第134頁。

了〈聯繫著武訓批判的自我檢討〉，與夏衍、田漢等人的檢討一同登在《人民日報》上。

　　一九五四年十月，毛澤東又針對《紅樓夢》研究中的資產階級唯心主義傾向寫信給中央政治局各同志，嚴厲批評《文藝報》「同資產階級作家在唯心論方面講統一戰線，甘心作資產階級的俘虜。[3]」十月二十八日，署名袁水拍的〈質問《文藝報》編者〉在《人民日報》發表。以個人名義質問全國文聯的機關刊物，顯然來頭不小。在十二月召開的全國文聯主席團和中國作協主席團擴大聯席會議上，郭沫若作了檢討：「自己被推選為文聯主席，對於文聯機關報所犯的錯誤，能夠說『事不關己』嗎？能夠採取『幸災樂禍』的態度嗎？那是不能夠的。《文藝報》所犯的錯誤是我們大家的錯誤，也是我的錯誤。[4]」這種推論似乎有邏輯上的正確性，但在事實上，郭沫若對文聯的工作很少有暇──也很少有權──過問。當時代表黨對文藝界實施具體領導的，是身兼中共中央宣傳部副部長和文化部黨組書記的全國文聯副主席周揚。誰都知道，周揚是毛澤東文藝思想的積極宣傳者和權威闡釋者，有關文藝界的各次政治運動均由周揚具體部署。因而，當郭沫若表白「俞平伯先生的《紅樓夢研究》，我一直到現在都還沒有看過。李希凡等同志的文章是引起了注意之後我才追看的。《文藝報》和《文學遺產》對於

[3]　《毛澤東選集》第5卷，第47頁，第134頁。
[4]　《三點建議》，《郭沫若全集》（文學卷）第17卷，第21頁。

李等文章的按語，也是在袁水拍同志發表了質問《文藝報》的文章
之後我才追看的⁵」，就情有可原。一是國務活動繁忙，二是《紅
樓夢》研究並非郭沫若的專業領域，第三點也是最根本的一點，他
在文壇並無實際領導權，也無從過問文藝界的思想動向。有一件小
事可以說明郭沫若與中國文聯的關係。一九五五年，郭沫若收到一
位拉丁美洲的作家的來信，想瞭解中國文藝界現狀。郭沫若通過中
國科學院將信轉給了全國文聯，希望由他們出面作答。文聯卻將信
轉給了中國科學院文學研究所；而文學所又將信轉給文聯，文聯再
次將信轉回中國科學院院部。歷時數月，無人回復。郭沫若十分生
氣，只好自己寫信向那位作家道歉。

　　一九五五年，文壇發生了更加劇烈的震盪，胡風反革命集團被
揪出來了。這更是為郭沫若始料所未及。抗戰時期，從武漢到重
慶，郭沫若和胡風都在周恩來指導下工作，他們都是中華全國文藝
界抗敵協會的成員，文工會時期，胡風還是文化工作委員會的專任
委員。他們不僅在工作上互相配合，私交也不錯。一九四七年在香
港，兩家的住所挨得很近。可是，過去的朋友轉眼就成了敵人。當
然，對郭沫若和全國的文學藝術家來說，對共產黨所發動的政治運
動，除了積極參加之外，也無從置喙。一九五五年五月二十五日，
中國文聯、作協主席團召開聯席擴大會議，決定開除胡風的中國作

---

⁵　《三點建議》，《郭沫若全集》（文學卷）第17卷，第21頁。

家協會會籍並撤銷他在文藝界的一切職務。郭沫若、歐陽予倩、葉聖陶、梅蘭芳、艾青、馮至、田漢等都發了言。郭沫若主持會議並作總結，他說：「今天對於怙惡不悛、明知故犯的反革命分子必須加以鎮壓，而且鎮壓的必須比解放初期更加嚴厲。在這樣的認識上，我們完全贊成好些機構和朋友的建議：撤銷胡風所擔任的一切公眾職務，把他作為反革命分子來依法處理。[6]」事實上，何須文化界建議，早在此次會議召開數天前，胡風已經被公安部逮捕。

　　一九五六年，中共中央提出了發展社會主義學術文化的雙百方針（百花齊放，百家爭鳴），知識界、教育界、文藝界和社會其他各界為之歡呼雀躍。郭沫若按捺不住激動之情，一連發表了〈百家爭鳴萬歲〉、〈百家爭鳴可以推廣〉、〈關於發展學術與文化的問題〉等文章，對幾年來在工作中遇到隨意禁演地方戲、將中醫誣為封建醫、機械搬用蘇聯經驗以及命令主義方式的領導作風等提出了批評，主張「在學術上展開自由討論，要使不同的會見充分發揮，絕不能輕易地下結論。[7]」「『百家爭鳴』的意義不外是自由討論或者廣泛競賽。[8]」

　　但是，這段知識份子的「早春」很快就被反右鬥爭的暴風驟雨所替代。這次落馬的人更多了，不僅文藝界紛紛罹難，連科學院大

<hr>

[6]　《請依法處理胡風》，《人民日報》1955年5月26日。
[7]　《「百家爭鳴」萬歲》，《郭沫若文論選》，第10頁，吉林人民出版社1982年4月第1版。
[8]　《「百家爭鳴」可以推廣》，《郭沫若文論選》，第18頁。

批從事自然科學研究的科學家也被打成右派，其中包括著名的科學家錢三強。回想三年前，錢三強被批准加入中國共產黨時，郭沫若還曾當面表示祝賀；如今，這位先於自己入黨的朋友已經成了人民的對立面。當年在重慶的一些文藝界的朋友吳祖光、黃苗子、丁聰等也被打成了「二流堂」右派小集團，遭受迫害。想當初，「二流堂」的雅號還是郭沫若取的。

　　郭沫若從嚴酷的政治鬥爭中感到，只有緊跟毛澤東，才是人生中最安全也最簡單的選擇。歷史上有多少人因逆鱗而遭身家性命之禍，又有多少人因善於察言觀色而得全其身，作為歷史學家的郭沫若當然心中有數。於是，郭沫若逐漸放棄了作為一名現代知識份子獨立思考的權利，把對黨和領袖歌功頌德的任務放在了首位。同時，他也意識到毛澤東對自己的賞識，為了感謝知遇之恩，他不斷在崇拜與賞識之間尋找契合點。在這裡，我們又看到了抗戰時期郭沫若處理黨和自身關係的思維方式的某種延續——負面的延續。有人比喻道，此時的郭沫若「已經不僅是受到各國人民歡迎的『和平鴿』，而且成了一隻總是昂著頭的『雄雞』，由於形成了條件反射，只要一見到『太陽』，他馬上就引吭高歌。[9]」於是在他的筆下每每出現這樣的詩句：

9　龔濟民、方仁念，《郭沫若傳》，第406頁，北京十月文藝出版社，1988
　　年2月第1版。

難怪陽光是加倍地明亮；

機內和機外有著兩個太陽。[10]

在今天我們有著兩個太陽同時出現，

一個是在天上，一個是在天安門前。

天上的太陽照暖我們的神州赤縣，

地上的太陽照暖我們的六億心田。[11]

　　郭沫若的老友李一氓在談到郭沫若錯誤時的分析發人深思：「在歷史上，常常有的政治家，為了保護自己，往往自己為自己塗上保護色，歷史學家使用『自汙』這個名詞來解釋這種現象。我們不要把郭老單單看做是文學家，……他同時是一位政治家。他是從革命鬥爭中走出來的，不是純粹從書齋中走出來的。[12]」

　　一九五八年四月，郭沫若得知毛澤東提出了「革命的現實主義和革命的浪漫主義相結合」的創作口號，使浪漫主義恢復了名譽，他特別感覺著心情舒暢。藉解釋毛澤東〈蝶戀花〉詞，他在給《文藝報》編者的信中，首先提出這首詞是「革命的浪漫主義和革命的現實主義的典型的結合」。他進而「敢於坦白地承認：我是

---

[10]　《長春集・題毛主席在飛機中工作的攝影》。

[11]　《東風集・歌頌群英大會》

[12]　《正確評價郭沫若同志》，《郭沫若研究・學術座談會專輯》，文化藝術出版社，1984年8月。

一個浪漫主義者了。這是三十多年從事文藝工作以來所沒有過的心情。[13]」在這種心情的鼓舞下，郭沫若打算重拾三十多年前的舊題，將蔡文姬的形象搬上舞臺。在郭沫若創作《蔡文姬》之前，老友田漢的歷史劇《關漢卿》已經由北京人民藝術劇院上演，並獲得了成功。在田漢的筆下，關漢卿是一個為民請命的英雄，這很容易使人聯想到劇作家本人兩年前「為演員的青春請命」的呼籲。郭沫若讀了劇本後，寫信向田漢表示祝賀，「您今年六十，《關漢卿》是很好的自壽。您使關漢卿活得更有意義了。[14]」《蔡文姬》的創作也有現實寓意，但郭沫若的著眼點卻在歌頌曹操的治國功績。郭沫若在為劇本出版而寫的〈序〉中說，他的主要目的「就是要替曹操翻案」。他努力要塑造一個「多才多藝，喜諧謔，瀟灑，不拘行跡」的古代政治家形象，以達到歌頌大躍進之後轟轟烈烈的政治形勢的目的。顯然，從相關史料看，郭沫若和田漢的創作動機明顯不同，一個試圖寫出為民請命的藝術家的骨氣，一個意在歌頌治國者的方略。但是，《蔡文姬》的創作種子卻埋在郭沫若的個人經歷和感情世界中。他明確表示：「蔡文姬就是我！──是照著我寫的。[15]」是〈蝶戀花‧答李淑一〉詞中緬懷故人的情緒使郭沫若產生了共鳴，勾起了他內心的波瀾，遂將自己生命中「一步一遠呵

---

[13]　《浪漫主義和現實主義》，《郭沫若全集》（文學卷）第17卷，第10頁。
[14]　《田漢文集》第7卷，第358頁。
[15]　《蔡文姬‧序》，《郭沫若全集》（文學卷）第8卷，第3頁。

足難移，魂消影絕呵恩愛遺。肝腸攪刺呵人莫我知」的那一幕行諸筆端，搬上舞臺。文姬歸漢在史實上固與曹操有關，但郭沫若最初的創作心理萌芽卻是與歌頌主題相脫節的。感情與理智的分離，造成了《蔡文姬》前後兩部分基調的反差。前半部捶胸頓足，呼天籲地，後半部流光溢彩，重睹芳華。由悲劇到喜劇，不僅破壞了全劇結構的完整性，也限制了作品的思想深度。郭沫若畢竟和田漢不同，他對現實社會中人們的困頓和掙扎沒有切身的體驗和感受。

作於一九六○年的《武則天》也是一部翻案劇。郭沫若將封建社會的這位女皇帝寫成了一個有理想、有抱負，關心民間疾苦、同情人民遭遇的明君。由於翻案的目的過於迫近，而劇中所描寫的事件又過於單薄，加上人物語言的現代化等缺陷，這部戲不被評論界和研究界認為是成功之作。

一九六五年十一月十日，姚文元在上海《文匯報》發表〈評新編歷史劇《海瑞罷官》〉，拉開了那場史無前例的民族浩劫的序幕。《人民日報》轉載此文時加了編者按語，進一步明確了批判的性質，擴大了批判的範圍，矛頭所指，幾乎包括了國內所有的知名學者、教授和文化界人士。多少年來，郭沫若被塑造成一個積極回應領袖號召、善於隨時進行自我調整的學者形象，然而此時，與他有著相同和類似身分的吳晗、鄧拓、廖沫沙、夏衍、翦伯贊等都受到了點名批判，周揚也失寵了，田漢則早在毛澤東關於文藝的兩個批示下發後，就從公眾場合消失了。郭沫若感到，一股洪流正滾滾

而來,四顧左右,人人自危,自己也遲早會被拋入那吞噬一切的狂
濤中去。一九六六年一月二十七日,他向中國科學院黨委書記張勁
夫遞交了一封信:

> 勁夫同志:
>
>   我很久以來的一個私願,今天向您用書面陳述。
>
>   我耳聾,近來視力也衰退,對於科學院的工作一直沒
> 有盡職。我自己的心裡是很難過的。懷慚抱愧,每每坐立
> 不安。
>
>   因此,我早就有意辭去有關科學院的一切職務(院
> 長、哲學社會科學部主任、歷史研究所所長、科技大學校
> 長等等),務請加以考慮,並轉呈領導上批准。
>
>   我的這個請求是經過長遠的考慮的,別無其他絲毫不
> 純的念頭,請鑒察。
>
>   敬禮
>
> 郭沫若
> 一九六六年一月二十七日

    兩個月後,傳來了毛澤東在中央政治局常委會議上的指示:
「許多文化部門到底掌握在哪些人手中?吳晗、翦伯贊是黨員,也
反共,實際上是國民黨。對這些資產階級學術權威,要進行切實的

批判。」但毛澤東又同時指示要保護郭沫若,這使郭沫若心懷感激。但他也意識到,毛澤東所要保護的是他個人,而不是他所代表的知識界,更不是要保護他的學術思想和文化工作成果。郭沫若以及同時代人所創造的中國現代學術文化,正在成為文化革命的對象,從整體上受到批判和清算。

為了趕上這種形勢,為全國的知識份子再一次樹立典型,在四月十四日人大常委會第三十次會議聽取文化部新任副部長石西民關於「社會主義文化大革命」的報告後,郭沫若作了一次發言,其中講到:「幾十年來,一直拿著筆桿子在寫東西,也翻譯了一些東西。按字數來講,恐怕有幾百萬字了。但是,拿今天的標準來講,我以前所寫的東西,嚴格地講,應該全部把它燒掉,沒有一點價值。」他檢討自己「沒有把毛主席思想學好,沒有把自己改造好」,「現在應該向工農兵好好學習,假如有可能的話,再好好地為工農兵服務。」[16]郭沫若的講話錄音整理稿,由康生呈給毛澤東,經毛澤東批示,以〈向工農兵群眾學習,為工農兵群眾服務〉為題,發表在《光明日報》和《人民日報》上。

郭沫若的「燒書」說後來曾引起很大非議,甚至有人將紅衛兵的野蠻行徑也歸因於郭沫若的鼓吹。郭沫若自己解釋說此處的燒書是喻指鳳凰自焚。今天看來,涅槃之說亦不可信。自我的人格都不

---

[16]　《向工農兵群眾學習,為工農兵群眾服務》,《人民日報》,1966年5月5日。

存在了，哪裡還能從烈火中誕生一個具有科學理性和個性尊嚴的新我呢？七月初，郭沫若在亞非作家緊急會議上發言，再次提到燒書，聲明「這是我的責任感的昇華，完全是出自我內心深處的聲音」，「作為對人民負責的革命作家要不斷進行自我改造，不斷進行嚴格的自我批評，在我們這是極其正常的事[17]」。

在那些瘋狂的日子裡，只要偉大領袖一有戰略部署，郭沫若就立即緊緊跟上。一九六六年七月十五日，毛澤東在武漢暢遊長江，在現場的郭沫若立即口占〈水調歌頭・看武漢第十一屆橫渡長江比賽〉一首，內有「豪情奔放，萬歲歡呼天地驚……長江橫渡畢，杲日笑容生」等句。八月十八日，毛澤東在天安門接見紅衛兵，「慶祝無產階級文化大革命高潮的到來」，第二天，在上海的郭沫若便發表〈水調歌頭・上海百萬人大遊行慶祝文化大革命〉：「普天同慶，八屆新開十一中。創造上層建築，掃蕩牛鬼蛇神，除去害人蟲。」九月初，毛澤東的〈炮打司令部——我的一張大字報〉作為中央文件下達，郭沫若又寫了〈水調歌頭・讀毛主席的第一張大字報《炮打司令部》〉：「一總分為二，司令部成雙。……一鬥二批三改，四海五湖小將，三八作風強。保衛毛主席，心中紅太陽！」十月三十一日，北京舉行紀念魯迅大會，陳伯達、姚文元等出席，郭沫若在會上發言，他採用了一個時髦的標題：〈紀念魯迅的造反

精神〉。後來的幾年中，舉凡紅衛兵串聯、針灸治療聾童、革命群眾組織大聯合、革命委員會成立、中共九大召開……等新事、大事發生，郭沫若必寫詩加以謳歌。

雖然有毛澤東的指示，但是紅衛兵並沒有打算放過郭沫若。北京大學專門闢出一間房子，張貼打倒郭沫若的大字報；前海西街十八號郭沫若住所外的圍牆上也貼滿了大字報和標語。幸虧周恩來擬定了一個保護名單，將宋慶齡、何香凝、張治中、章士釗和郭沫若等人列入其中，才使他免受紅衛兵的野蠻衝擊。但是，對郭沫若的精神折磨卻在進行。一九六七年五月二十五日，為紀念毛澤東〈在延安文藝座談會上的講話〉發表二十五周年，《人民日報》重新發表毛澤東〈看了《逼上梁山》以後寫給延安平劇院的信〉，竟無端刪去了其中「郭沫若在歷史劇方面做了很好的工作」等語。中央文革是要借此來暗示什麼嗎？早就加入了現代迷信製造者行列的詩人為此坐臥不安。僅僅歌頌偉大領袖，此時可能不夠了。六月五日，在紀念〈講話〉討論會的閉幕式上，郭沫若朗誦了一首詩，「獻給在座的江青同志」，詩中稱頌道：

> 親愛的江青同志，你是我們學習的榜樣
> 你善於活學活用戰無不勝的毛澤東思想
> 你奮不顧身地在文化戰線上陷陣衝鋒
> 使中國舞臺充滿了工農兵的英雄形象……

　　但是，厄運並未因此而停止對郭沫若的打擊。一九六七年四月，他的兒子郭民英在部隊自殺身亡。民英自小就有音樂天賦，後來考入中央音樂學院提琴專業學習。其間，他將家裡的答錄機帶到了學校；有同學認為這是搞特殊化，便向毛主席寫信告狀。後來，這封信登在了內參上，給民英造成極大的精神壓力，他於是放棄專業，退學參軍。到部隊不久，就成了中共預備黨員。可是，在憂鬱性精神分裂症的折磨下，他竟悄悄地結束了自己的生命。遭受如此沉重的突然打擊，郭沫若和于立群卻無法公開表露自己的悲痛，還得向部隊寫信說明情況，為沒有教育好子女而做自我批評。

　　一年後，更嚴酷的打擊從天而降。一九六八年四月十九日，北京農業大學的一夥造反派將郭沫若的兒子郭世英關了起來，嚴刑拷打。三天之後，當郭沫若終於得知兒子被關押的場所，派女兒和祕書趕到農大時，郭世英已經被毒打致死。歹徒們至死也沒有給他鬆綁，粗粗的麻繩嵌進了肉裡。為了掩蓋殺人的罪證，二十二日晚就將遺體草草火化了，此後又羅織所謂現行反革命的罪證材料，以欺弄生者。

　　世英是郭沫若最疼愛的孩子，他聰明過人，喜愛文學和哲學，頗得乃父之風。一九六二年，郭世英考入北京大學哲學系，當時全國上下掀起了學哲學的熱潮，要將哲學變成群眾手中的武器。郭世

英和幾個同學組織了一個「X小組」，探討哲學上的未知數，其中
也包括一些敏感的政治問題，如大躍進是成功還是失敗？毛澤東思
想能否一分為二？等等。他們的活動引起了公安部門的警惕，經
過偵查，X小組被認定有嚴重的政治問題，俄文字母「X」正巧是
「赫魯雪夫」的頭一個字母。郭世英被定性為有反黨反社會主義言
論，屬敵我矛盾，但按人民內部矛盾處理，送到河南省西華農場勞
動；一年之後，轉入北京農業大學繼續學習。在農場勞動期間，郭
世英在黑板報上寫了一首兒歌〈小糞筐〉，這是目前能看到了這位
才華橫溢的青年人僅有的作品：

小糞筐，小糞筐，
糞是孩兒你是娘。
迷人的糞合成了堆，
散發五月麥花香。

小糞筐，小糞筐，
清晨喚我來起身，
傍晚一起回床旁。

小糞筐，小糞筐，
你給了我思想，

你給了我方向，

你我永遠在齊唱。[18]

在兩個春天裡連續失去兩個兒子！身為立法機構——全國人民
代表大會的常務委員會副委員長，竟然無力保護兒子生命安全。眼
下的中國大陸，沒有法制、沒有公理，只聽任虎狼陷害忠良，屠殺
無辜。郭沫若將悲哀深埋在心底，一本又一本地抄寫世英的日記，
以此寄託對愛子的追思。日復一日，年復一年，工工整整地，總共
抄寫了八本。他把這八本日記一直放在自己的書案上，直至逝世。

險惡的政治風浪並未平息。一九七三年，毛澤東在閱讀《十批
判書》時，對郭沫若有關尊孔抑法的觀點有所不滿，認為他這種看
法連封建階級思想家柳宗元都不如。江青得知後，如獲至寶，多次
竄到北京大學，組織大批判寫作班子，翻印郭沫若某些著作的摘
錄，妄圖發動對郭沫若的公開批判。但此事很快被毛澤東發覺後制
止，說「不能批判郭老」。一九七四年元旦，《人民日報》、《紅
旗》雜誌、《解放軍報》等兩報一刊發表社論，提出繼續開展對尊
孔反法思想的批判，實際上傳達了「批林批孔」的動員令。一月二
十五日下午，在首都體育館舉行了有一萬八千人參加的「批林批孔
動員大會」，江青在大會上點了郭沫若的名，並引用了在社會上已

---

[18] 楊健《文化大革命中的地下文學》，第92頁，朝華出版社，1993年1月第
1版。

流傳多時的「十批不是好文章」等毛澤東的詩句。江青還兩次叫年
過八旬的郭沫若站起來，使老人蒙受羞辱。

　　大會後不久，張春橋來到郭宅，逼迫郭沫若寫文章，承認自己
在抗戰期間的著述和創作是王明路線的產物，還要他在文章中「罵
秦始皇的那個宰相」。半年前，毛澤東在會見來訪的埃及副總統時
說過，自己就是當今中國的秦始皇。今天張春橋要郭沫若罵宰相，
明擺著是項莊舞劍，意在沛公。郭沫若針鋒相對地回答道：「我當
時罵秦始皇，是針對國民黨蔣介石的。」二月十日，江青又找上門
來，糾纏郭沫若，一邊要他寫文章批宰相，一邊要他批判義大利導
演安東尼奧尼的拍攝的紀錄片《中國》，因為這個導演是周恩來批
准來華的。郭沫若雖然不好頂撞這個第一夫人，但他堅持自己的原
則，絕不為四人幫一夥栽贓陷害、搞政治陰謀提供任何便利。他
可以追隨在「陽謀家」身後搖旗吶喊，但他不願參與到一個昭然
若揭的陰謀中去。江青前後糾纏了三個多小時，直到天黑，毫無
所獲。

　　張春橋和江青的精神折磨，給郭沫若的身體造成了嚴重的摧
殘，當晚，他就開始發燒，送到醫院時，體溫高達三十九度多，神
智已經不清。很快地，高燒轉成了肺炎，幾次病危。經過緊張搶
救，才算脫離危險。

　　從此，郭沫若的身體開始走下坡路。一九七四年秋天，安娜得
知郭沫若病危的消息，由女兒陪同從大連趕赴北京。在北京醫院的

病房裡，兩位八旬老人又相見了。安娜給郭沫若帶來了她最近一次回日本探親時拍攝的照片，他們在市川的故居，有的地方舊貌依然，有的地方已經改變了。半個多世紀的政治風浪，總是無情地介入兩位老人的人生，哪怕到了暮年，他們還在經歷著風雨的洗禮。告別時，安娜和淑子（淑瑀）按照日本方式行了告別禮；病床上的郭沫若只能目送著母女倆的身影消失在門外。

一九七六年一月八日，周恩來病逝。噩耗傳來，郭沫若悲痛欲絕，頓時病情加重。但他堅持親自向周恩來的遺體告別，親自參加追悼大會，到該起立的時候，他掙扎著自己從輪椅中站起，向這位幾十年來在人生的各個緊要關頭和歷次政治風浪中給予幫助和保護的戰友表示了最後的敬意。

七月六日，朱德逝世；九月九日，毛澤東逝世。郭沫若拖著沉疴之身，向遺體告別，參加追悼會。他與毛澤東的關係，只有公開的對領袖的崇拜與服從的關係；不像與周恩來那樣，有過生死與共的私交。毛澤東故去後，郭沫若幾十年中所習慣的崇敬和畏懼心理仍未消失。一九七七年，他還覺得被領袖批評過的《十批判書》殊多謬誤，想的是如何減少罪愆。郭沫若的心理彷彿是中國文化向現代化轉換時期的一個標本，他得風氣之先，卻又帶有舊時代的種種烙印，悲劇和喜劇，都在他一個人身上出演。雖然郭沫若和他所代表的時代已經過去了，但是這種悲劇和喜劇的交替往復，似乎還要繼續下去。

　　所幸的是，郭沫若終於看到了四人幫被粉碎的那一天。消息傳來，郭沫若按捺不住心頭的喜悅，寫下了一時間膾炙人口的〈水調歌頭・粉碎「四人幫」〉：「大快人心事，揪出『四人幫』。政治流氓文痞，狗頭軍師張，還有精生白骨，自比則天武后，鐵帚掃而光。篡黨奪權者，一枕夢黃粱。……」他不顧醫生的勸阻，執意要參加天安門的慶祝大會。在城樓上，郭沫若連續站了兩個小時，醫生和身邊的工作人員覺得不可思議，因為近年來，他一直是連站上幾分鐘都頗覺困難的。一股神奇的、青春的力量彷彿又回到了郭沫若身上。

　　一九七八年三月三十一日，中國大陸科學大會召開，郭沫若以中國科學院院長的身分出席開幕式，他不顧醫生只准參加半小時的勸告，過了一小時還不肯離開。閉幕式上，他發表了書面講話〈科學的春天〉。在這篇通篇洋溢著青春熱情的講話中，他向全國的科學家們呼籲：「不要把幻想讓詩人獨佔了。……既異想天開，又實事求是，這是科學工作者特有的風格，讓我們在無窮的宇宙長河中去探索無窮的真理吧！」「春分剛剛過去，清明即將到來。『日出江花紅勝火，春來江水綠如藍』。這是革命的春天，這是人民的春天，這是科學的春天！讓我們張開雙臂，熱烈地擁抱這個春天吧！[19]」

---

[19]　《科學的春天》，《人民日報》，1978年3月31日。

　　郭沫若不僅熱烈地呼喚科學的春天，也熱情地呼喚文學藝術的春天。五月二十七日，在中國大陸文聯第三次擴大會議上，郭沫若又發表了書面講話〈衷心的祝願〉：「粉碎了『四人幫』，我們精神上重新得到一次大解放。一切有志於社會主義文藝事業的文學家、藝術家，有什麼理由不敞開思想、暢所欲言、大膽創造呢？[20]」他似乎預感到中國將要出現一個騰飛的新時代。他的精力雖然衰退了，但他的心靈之火仍在熊熊燃燒，他的創造激情仍然激勵著全國的知識份子和青少年。

　　一九七八年六月十二日，一顆跳動了八十六年的心臟停止了跳動。

　　之後，于立群和張瓊華也分別於一九七九年和一九八一年相繼去世。

　　只有安娜的生命之火還在燃燒。一九八三年，為了表彰她對日中友好事業的長期貢獻，有關方面授予她第一屆亞非和平獎；同年，她當選為第六屆中國大陸政協委員。她的晚年是在上海度過的。一九九四年八月十五日，郭安娜在上海逝世，享年一百零一歲。

　　郭沫若生前很喜歡「一零一」這個數字。他在詩集《百花齊放》的後記中寫道：「它似乎象徵著一元復始，萬象更新。這裡有『既濟、未濟』的味道，完了又沒有完。[21]」

[20]　《衷心的祝願》，《人民日報》，1978年6月6日。
[21]　《百花齊放·後記》，《郭沫若全集》（文學編）第3卷，第172頁。

史地傳記類　PF0164　秀威文哲叢書11

郭沫若評傳

作　　　者／周靖波
主　　　編／蔡登山
叢書主編／韓　晗
責任編輯／盧羿珊
圖文排版／連婕妘
封面設計／蔡瑋筠

發 行 人／宋政坤
法律顧問／毛國樑　律師
出版發行／秀威資訊科技股份有限公司
　　　　　114台北市內湖區瑞光路76巷65號1樓
　　　　　電話：+886-2-2796-3638　傳真：+886-2-2796-1377
　　　　　http://www.showwe.com.tw
劃撥帳號／19563868　戶名：秀威資訊科技股份有限公司
　　　　　讀者服務信箱：service@showwe.com.tw
展售門市／國家書店（松江門市）
　　　　　104台北市中山區松江路209號1樓
　　　　　電話：+886-2-2518-0207　傳真：+886-2-2518-0778
網路訂購／秀威網路書店：http://www.bodbooks.com.tw
　　　　　國家網路書店：http://www.govbooks.com.tw

2015年8月　BOD一版
定價：200元

國家圖書館出版品預行編目

郭沫若評傳 / 周靖波著. -- 一版. -- 臺北市 : 秀
威資訊科技, 2015.08
　　面；　公分
　　BOD版
　　ISBN 978-986-221-907-2(平裝)

1. 郭沫若　2. 傳記

782.887　　　　　　　　　　　104009778

讀 者 回 函 卡

感謝您購買本書，為提升服務品質，請填妥以下資料，將讀者回函卡直接寄回或傳真本公司，收到您的寶貴意見後，我們會收藏記錄及檢討，謝謝！
如您需要了解本公司最新出版書目、購書優惠或企劃活動，歡迎您上網查詢或下載相關資料：http:// www.showwe.com.tw

您購買的書名：_____

出生日期：_____年_____月_____日

學歷：□高中 (含) 以下　　□大專　　□研究所 (含) 以上

職業：□製造業　□金融業　□資訊業　□軍警　□傳播業　□自由業
　　　□服務業　□公務員　□教職　　□學生　□家管　　□其它_____

購書地點：□網路書店　□實體書店　□書展　□郵購　□贈閱　□其他

您從何得知本書的消息？

　□網路書店　□實體書店　□網路搜尋　□電子報　□書訊　□雜誌
　□傳播媒體　□親友推薦　□網站推薦　□部落格　□其他_____

您對本書的評價：（請填代號　1.非常滿意　2.滿意　3.尚可　4.再改進）

　封面設計____　版面編排____　內容____　文／譯筆____　價格____

讀完書後您覺得：

　□很有收穫　□有收穫　□收穫不多　□沒收穫

對我們的建議：_____

_____

_____

_____

11466
台北市內湖區瑞光路 76 巷 65 號 1 樓

秀威資訊科技股份有限公司　　　收

BOD 數位出版事業部

⋯⋯⋯⋯⋯⋯⋯⋯⋯⋯⋯⋯⋯⋯⋯⋯⋯⋯⋯⋯⋯⋯⋯⋯

（請沿線對折寄回，謝謝！）

姓　　名：＿＿＿＿＿＿＿＿＿　年齡：＿＿＿＿　性別：□女　□男

郵遞區號：□□□□□

地　　址：＿＿＿＿＿＿＿＿＿＿＿＿＿＿＿＿＿＿＿＿＿＿＿

聯絡電話：(日)＿＿＿＿＿＿＿＿＿　(夜)＿＿＿＿＿＿＿＿＿＿＿

E-mail：＿＿＿＿＿＿＿＿＿＿＿＿＿＿＿＿＿＿＿＿＿＿＿